渉外担当者になったらまず手帳を持ちなさい

効率的な活動をするための上手な活用方法

猿樂昌之

近代セールス社

はじめに

「月曜の朝は憂鬱……」

という方は多いはず。とある行員の朝を覗いてみましょう。

——朝、支店の鍵が開くのを入口で待って、開いた瞬間に中へなだれ込む。まずは会議の準備からだ。資料を急いで印刷し、開始5分前に並べ終えることができた。しかし、実は先週金曜日分の日報がパソコン入力できていない。先週末は支店長による「金曜だから早く帰れ」という号令のもと、全員18時には帰らなければならなかったためだ。

案の定、直属の上司からは、「日報は？」との声が。バタバタと入力しようとするが、正直あまり覚えていない。そのまま慌てて会議に入ったので、頭の中はまだ日報である。自分の報告の順番が近くなって初めて、案件のネックをどう報告しようかと考えていると、副支店長から、「あの案件、どうなった？」と質問が入る。しどろもどろになりながら報告をすると、いつものように厳しい指導・指示を受けてしまい、課長からも追加で指示を受けてしまった。「そんなことやる時間ないよ」そう思いながらも耐えていると、やっと会議が終わった。

ほっとしたのも束の間、「いつまで店の中にいるんだ！」と副支店長の檄が飛ぶ。アポイントはないが、とりあえず外出しなければ…。店を出て行きつけの喫茶店に入る。(今週の作戦でも練るか)そう思いながら、特に案件はないが、必ず会ってくれるお客様に3、4件アポイントを取る。

1

そうして支店に帰ると、待ち構えていたように電話メモが5枚も置いてある。今日も昼食抜きか。そう思いながら電話を折り返す——。

いかがでしたか？　ご自身に重なる点がある方も多いのではないでしょうか？
さて、みなさんはこの動き方で成果が出ると思いますか？

渉外の仕事の醍醐味は？
銀行等金融機関に就職する際、みなさんはどんな夢を描いていましたか？
・融資を通じて、中小企業の役に立ちたい
・経営者のパートナーになりたい
・何十億円というお金が動くビッグディールをしたい

様々かと思いますが、必ずと言っていいほどみなさんがぶつかる壁があります。
それは、「忙しくてそれどころじゃない」という時間の壁です。

私もご多分に漏れず、銀行業務の忙しさに、文字どおり忙殺されていました。毎月のように与信先の査定、融資の稟議、会議資料の作成、複雑な事務、飲み会の準備、その間を縫うように営業をしていました。

手帳にすべてを委ねる！
「このままでは取引先の役に立てない！」と思って先輩や上司に教えを請い、またはビジネス書を何冊も読んで、何とか「本当に取引先のた

めになる仕事」をする時間を作れるようになりました。

　そこで中心となって活躍してくれたのが、週間予定が書き込める「手帳」でした。

　私は、行動予定のすべてを「手帳にお任せする」ことでタイムマネジメントができるようになり、仕事がコントロールできるようになったのです。

　本書では私が学んだタイムマネジメントの基礎を、手帳の使い方を通してみなさんにお伝えしていきたいと思います。

猿樂　昌之

CONTENTS

はじめに…1

序 章　渉外のタイムマネジメントに関連するメカニズム

- ・タイムマネジメントは心構えから ……………………………… 10
- ・パーキンソンの法則とパレートの法則 ………………… 13
- ・「分かる」と「できる」は違う ……………………………… 15
- ・期限を明確にする ……………………………………………… 18
- ・タイムマネジメントの習慣を形成するには …………………… 20

第１章　手帳を活用した上手な計画の立て方

1. 今日の予定を立てよう！

- ① 朝から夜までをイメージしよう　　★☆☆ ……………… 24
- ② 新しい予定に対応しよう　　★★☆ ……………… 30
- ③ 今日の仕事の準備をしよう　　★☆☆ ……………… 32
- ④ ゆとりの時間の作り方と使い方　　★★☆ ……………… 34
- ⑤ １日の予定表を整備しよう　　★☆☆ ……………… 36

4

2. 今週の予定を立てよう！

① 1週間の目標を設定しよう　　　★☆☆　……………… 38

② 仕事の種類を分けてみよう　　　★☆☆　……………… 42

③ アポイントを取ろう　　　　　　★★☆　……………… 44

④ 仕組み化して動こう　　　　　　★★☆　……………… 48

⑤ 1週間を振り返ろう　　　　　　★★☆　……………… 50

⑥ 週間の予定表を整備しよう　　　★☆☆　……………… 52

3. 今月の予定を立てよう！

① すべてを書き出すことから始めよう　★☆☆　………… 54

② 取引先ごとのゴールを設定しよう　　★☆☆　………… 56

③ 訪問頻度を管理しよう　　　　　　★★☆　…………… 58

④ 1ヵ月を振り返ろう　　　　　　　★★☆　…………… 60

⑤ 月間計画表を整備しよう　　　　　★★★　…………… 62

4. ルーティンワークを整理しよう！

① 毎日 / 毎週 / 毎月やる仕事　　　★★☆　…………… 64

② チェックリストの作り方　　　　　★★☆　…………… 66

③ クローズドリストにしよう　　　　★★☆　…………… 68

④ 忘れないための工夫　　　　　　　★★☆　…………… 70

⑤ 繰り返すようで繰り返さない予定　★☆☆　…………… 72

5

CONTENTS

第2章　こんなケースではどうする？

1. イレギュラーな日の対応

① 月によって違う繁忙度　　　★★☆ ……………… 76

② 早帰り日（ノー残業デー）　★★☆ ……………… 78

③ 五・十日（ごとうび）　　　★★☆ ……………… 80

④ 年末年始　　　　　　　　　★★☆ ……………… 82

⑤ 期末期初　　　　　　　　　★★★ ……………… 84

2. 突発的な仕事への対応

① お客様からの案件相談　　　　★★★ ……………… 86

② 頼まれごとは試されごと　　　★★★ ……………… 88

③ ゴールを共有する　　　　　　★★★ ……………… 90

④ 15分でアウトラインを書こう　★★★ ……………… 92

⑤ 割を食った仕事のフォロー　　★★★ ……………… 94

⑥ 無理難題を言われたら　　　　★★★ ……………… 96

第3章　スケジュール通りにいかなかった場合の対応方法

① リスケの時間を確保　　　★★☆ ……………… 100

② GTD法の活用　　　　　　★★☆ ……………… 102

③ 優先順位の付け方　　　　★★☆ ……………… 104

④ 謙虚な姿勢が身を助ける　　　　　★★☆ ･････････････････ 106

⑤ 上司に相談しよう　　　　　　　　★★☆ ･････････････････ 108

第4章　できる先輩のワザを盗もう

① 13時ちょうどに取引先を訪問する　★★☆ ････････････ 112

②「2分遅れる」電話をする　　　　　★★★ ････････････ 114

③ 面談記録の時短　　　　　　　　　★★☆ ････････････ 116

④ 稟議書作成の時短術　　　　　　　★★☆ ････････････ 118

⑤ 上手に仕事を断る　　　　　　　　★★★ ････････････ 120

⑥ 上司の予定を把握する　　　　　　★★★ ････････････ 122

⑦ メールの返信は3分以内　　　　　★☆☆ ････････････ 124

⑧「あれどうなった？」の1秒前に　　★★☆ ････････････ 126

⑨ パソコンの時短テクニック　　　　★☆☆ ････････････ 128

⑩ 整理整頓の達人　　　　　　　　　★☆☆ ････････････ 130

参　考　筆者の実際の記入例････････････････････････････････ 132

序章
渉外のタイムマネジメントに関連するメカニズム

手帳を活用する場合、まずは自身のタイムマネジメントについて整理しておく必要があります。

ここでは、具体的にどんな点に気を付けていけばいいのかなどについて見ていきます。

タイムマネジメントは心構えから

タイムマネジメントを邪魔するものは

　手帳を利用するのはなぜでしょうか？　基本的にはスケジュール管理をするということであり、すなわち「タイムマネジメント」が何より重要であるということです。

　では、タイムマネジメントを身に付けていく過程において、最大の阻害要因はなんでしょうか？

　それは、**「メンドクサイ」**（面倒くさい）と思う気持ちです。

　やるべきタイミングでやるべきことをやらない。これによって、かかる時間は5倍以上に増えます。例えば、お客様との面談記録を残すことは、多くの金融機関で義務化されていますが、「面談記録を作成する」最もいいタイミングはいつでしょうか？　それは当然、面談が終わった瞬間です。

エビングハウスの忘却曲線

　人は学習したことを20分後には約42％忘れている、という研究結果があります。これは「エビングハウスの忘却曲線」と呼ばれるものですが、「あとでまとめて書く」というのは極めて非効率な行為だと分かるでしょう。

　次のアポイントまでの時間がなかったとしても、手元のメモに箇条書きくらいはできるはず。それを「メンドクサイ」からやらずにいると、思い出しながら3〜4面談分まとめて書かなければなりません。

序章　渉外のタイムマネジメントに関連するメカニズム

　目の前にある「少しメンドクサイ」ことをやらずにいると、それは、今日の終わり、明日、または1週間後に「とてつもなくメンドクサイ」ことになって、あなたを待ち受けています。

　「楽をしたい」という感情に従っていると、脳の前頭葉の働きが落ち、より「メンドクサイ」をやっつける指令が出にくくなります。

エビングハウスの忘却曲線

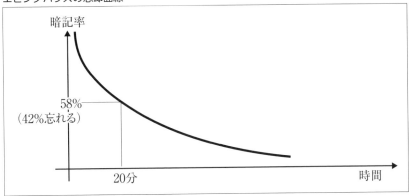

とにかく仕事に取り掛かろう！

　それを解決する簡単な方法があります。それは、「とにかく仕事に取り掛かる」ということです。「いや、それができないから困ってるんだ」そう思うのもごもっとも。

　しかし、脳には「作業興奮」という機能が備わっています。これは、クレペリンという心理学者が発見したもので、作業を始めると脳の側坐核（そくざかく）という部分が興奮し、やる気が出てくるというメカニズムになっているのです。

　ちょっと掃除を始めたら、部屋中をピカピカにしてしまった、という経験はありませんか？

　このとき、部屋中をピカピカにしよう、という目標でやっていたら、どうなっていたでしょうか？　ピカピカどころか、取り掛かりもしなかったかもしれません。

実はモチベーションは、活動をしないと上がらないようになっているのです。なので、大目標を掲げるよりも、目の前のことを一つ始める人のほうが、結果的に仕事量が大きくなるのです。

　「メンドクサイ」への処方箋は「チョットヤル」なのです。

　ここまで見てきて、「タイムマネジメントには痛みが伴う」と感じている方もいらっしゃるかもしれません。

　確かに、一つ一つお仕事を見ていくと、やりたくないことだったり、膨大な量のあるものでげんなりしたりします。

　そんなときはこう考えてみてください。

「目の前の小さな痛み（ストレス）は避けられるが、結果からは逃げられない」

　そうです。結局やらなければならないことは変わりません。一つ一つの仕事をきっちりやっていくと、都度少しのストレスを伴うかもしれません。ですが、やらずに放置しておくと期日を過ぎて人に迷惑をかける、期日ギリギリになって取り掛かり完成度の低いものになって相手を失望させる、といった結果を必ず招くのです。

　ましてやお客様のためになる仕事をする、大きい仕事を任せてもらえるようになる、時間どおりに帰宅してプライベートの予定を充実させる、といった状態はやってくることはありません。

　自分がやりたい仕事をやるために、日々の小さなストレスを乗り越えましょう。

序章　渉外のタイムマネジメントに関連するメカニズム

パーキンソンの法則とパレートの法則

その仕事の期限はいつ？

いま取り組んでいる仕事は、「いつまでに」やらなければならないかは明確でしょうか？

一般に、一つの仕事を終わらせるのに必要な時間は、その仕事に費やしてもいい時間とイコールになります。

これは、「パーキンソンの法則（第一法則）」といって「仕事の量は、完成のために与えられた時間をすべて満たすまで膨張する」というもので、30分程度で終わらせることができる仕事でも、1時間という時間を与えられると時間いっぱい使ってしまうことです。

100％の完成度は必要ない

仕事に取り掛かる前に、「いつまでに終わらせるか」を決めましょう。そして、それまでには、なんとしても終わらせるのです。

ポイントは100％の出来を求めないこと。

「パレートの法則」というものがあります。パレートの法則は、全体の80％は20％の要素で生み出されている、という経験則で、通称「働きアリの法則」とも言われ、自然界のいろいろなところで見られます。これは、ビジネスや組織のいろいろな局面で引用されますが、仕事の進め方でも応用できます。

仕事は80％の完成度までは、最初の20％の時間で終わります。そこから残り20％を終わらせるには、残り80％の時間がかかると考えま

13

しょう。

　例えば100の仕事があり、すべてを終えるのに100分かかるとします。この場合80％の仕事を終えるのに20分で済み、残りの20％の仕事を終えるには80分必要ということになります。

　つまり、目の前の業務を80％の出来で終わらせれば、5倍の速度で仕事ができる（上記の例なら20分で終了できる）、ということになります。

80％の出来と100％の出来

　これらに時間をかけてしまう方の特徴は、「ディティールにこだわってしまう」という点です。

　もちろん、金融機関の仕事の中では、与信・担保に関連する事務や、業績不振先の査定など、100％の精度が求められるものもあります。期限の利益の請求喪失などと言われるものがそれにあたります。

　一方で上記に挙げたもののように、とりあえず80％の出来で終わらせることができるものもあります。

　これらをしっかりと整理し、「これは80％で大丈夫」「これは100％が必要」という判断をしていくことで、余計な時間を省くことができます。

● 100％の出来でなくていい仕事の例

・優良先に対する稟議
・試算表の作成

14

序章　渉外のタイムマネジメントに関連するメカニズム

「分かる」と「できる」は違う

知る、分かる、できる

　技能習得の段階は、**「知る」⇒「分かる」⇒「できる」**と進んでいきますが、「知る」から「分かる」までは、あまりストレスなく進むことができます。

　しかし、「分かる」と「できる」の間には大きな溝があります。

　「こうすればタイムマネジメントは上手くいく、こうすれば仕事の早い人になれる、ということは分かった」

　しかし、実際にそれができるようになるには実践的な努力が必要だということです。

　そもそも、仕事が早い先輩は、いちいち「ああすれば…」「こうすれば…」と理論から考えて実行しているわけではありません。一つの仕事に対して、条件反射的に自分のパターンができているので、少しずつ少しずつそれが積み重なって、時間が節約され、時間にゆとりができてくるのです。

ヒアリング事項をメモするだけでも…

　取引先で、以下のような発言がありました。

　仕事に必要な部分をしっかりとメモに残すことができますか？

　例文（できれば誰かに読んでもらって、メモを取ってみましょう）

15

世の中の景気はどうだい？　といってもそんなにすぐには変わらないよな。うちも結局、前期とあまり変わらずに終わってるよ。いままでずっとそうだがね（笑）。

　ただ、来期はＸ社との取引が始まる予定だから、少し上がるかもしれないな。Ｙ銀行に紹介してもらっちゃってさ。あそこの支店長さんは仕事できるなぁ。売上が上がってきたら役員報酬ももうちょっと増やしたいんだが。

　話は変わるが、孫がメイモン中学校に受かってね。どうやら医者になりたいらしくて、学費も少し面倒みてやらんといかんかなぁ。

　決算書がいつできるかって？　いま税理士さんがやってくれてるから、できたら連絡するよ。

　あ、そうそう、そんなわけだからＹ銀行さんから3,000万円ほど借入れしているから。販売先のほうは当面順調なんだけど、売る商品を増やしたい気持ちはあるから、仕入先だったらまた提案してよ。いまの倉庫も手狭になるかもなぁ。そんなわけだから、決算書ができたら連絡しますよ。

いかがでしょうか？

　メモを取るという社会人になったら誰もが教わることでさえ、簡単にはできないのではないでしょうか？

　まずは、何を聞くかを想定した上で、面談に臨みます。また、金融機関では必ず記録を残しますので、他の人が読んでも分かるようにまとめておかなければなりません。

　これを繰り返していくと、知らず知らずのうちに、面談前に質問をまとめ、面談が終わったら要点をまとめる癖がついてくるのです。

　なお、この面談は、お客様の期末が終わってすぐの面談です。

　決算書をもらう前に一度顔を出しているのですが、どういった情報を聞きたいでしょうか。ここでは一例ですが、箇条書きで取ったメモと比

べてみましょう。

●箇条書きで取ったメモの例
・今期は例年並み業績
・来期はX社との取引が始まる（Y銀行からの紹介）
・売上が上がったら、役員報酬を増やしたい
・孫がメイモン中学校に合格、学費を支援
・決算書はできたら連絡
・Y銀行から借入れ3,000万円

●準備していた場合のメモの例
＜今期の業績と翌期の見通し＞
・前期並み、翌期は取引先拡大により増収見込み(決算書は作成中)

＜他行などの動向＞
・Y銀行から取引先紹介、3,000万円借入れ

＜案件につながりそうな情報＞
・役員報酬アップ→運用提案？
・孫への贈与（メイモン中学、医学部を目指す）
・仕入れ先の紹介
・倉庫の増築？

＜急ぎの依頼など＞
・特になし

＜その他＞
・特になし

期限を明確にする

期限を明確にするのは相手のためでもある

「パーキンソンの法則」のところで、自分にとっての期限を区切ることの効果はお分かりいただけたと思います。

では、仕事を依頼してきた相手（お客様・上司）にとって、仕事の期限を明確にすることの効果には、どのようなものがあるでしょうか。

「あまり急がない仕事」はどのくらい急がないのか？

「あまり急がないからさ」と言われた仕事は、いつまでに着手または完了する必要があるか考えてみましょう。

A「2週間くらいでできればよい」

B「3日後にできていればよい」

C「今日中とは言わないが、明日にはほしい」

D「本当は早ければ早いほうがいいが、忙しそうなので言いづらかった」

どれもあり得ますよね。

人それぞれ、捉え方は違います。ですので、明確に**「いつまでに」**必要なのかをすり合わせておきましょう。つまりゴールを明確にしておくのです。

待つ時間はゆっくり流れ、待たせる時間は早く過ぎる

待ち合わせをするときのことを考えてみましょう。相手を待っているときは長く感じ、相手を待たせているときは短く感じるものです。

18

序章　渉外のタイムマネジメントに関連するメカニズム

　上司は「明日まで」と仕事を依頼しておいて、1時間後には「あれ、どうなった？」と言いたくなるものなのです。

いつまでにできるか見込みを伝えよう！

　取引先から融資の相談があったとき、相手は借りられるかどうかを早めに知りたいと思っています。

　自公庫で調達できなければ、他の金融機関にも申込みをしたり、保証協会を使ったりといったアクションを取る必要があるからです。

　「いついつにはいったんご回答できると思います」と伝えておくだけで、取引先はそれを待ってからでいいか、あるいは時間がかかるのだから今のうちに他の金融機関にも相談に行くべきかを判断することができます。

タイムマネジメントの習慣を
形成するには

誰しも「三日坊主」である！

「三日坊主になる」という方、それは、決してあなた固有の問題では
ありません。

人間にはホメオスタシス（恒常性の維持）というものが備わっている
ので、体や心にストレスをかけるものがあると、無意識のうちにそれを
妨げようとしてしまうのです。

つまり、何かをやり遂げようと思っても、それがストレスと感じたと
きにはやめてしまうのです。ですから人は全員「三日坊主」と言えます。

新しい行動習慣を身に付けるには

新しい行動習慣を身に付けるには、「既にある自分の癖や習慣に上乗
せする」ことが最も簡単だと言われています。

●無意識にやっている習慣の例

・朝起きたら歯を磨く
・朝のニュースを見る
・仕事の前にコーヒーを飲む
・電車の中でスマホを開く
・寝る前にお風呂に入る　etc

こういった行動に些細な上乗せをすることで、習慣化は図れます。

例えば、朝、会社に来たら必ずパソコンを起動するのであれば、起動

を待っている間に「手帳を開いて、見えやすいところに置く」という行動を付け加えます。これによって、

「パソコンを起動する」⇒「手帳を開く」⇒「今日の流れをイメージする」

という一連の動きにしてしまうのです。

同僚と一緒にやってみよう！

同僚とお互いにアポイントを取り合って、タイムマネジメントの時間を作ってみる、という方法もあります。

例えば、1ヵ月に1回しかやらないようなことは習慣化しにくいものですが、同僚と月1回、2時間だけ会議室にこもってそれぞれ翌月の計画を立てる時間にする、などです。

こうしたことを継続していくことで、タイムマネジメントに対する意識が向上すると思います。

第 1 章
手帳を活用した
上手な計画の立て方

いきなり計画を立てましょうといっても、
どこから手を付ければいいか迷う方も多い
と思います。

この章では、みなさんの習熟度を無理なく
上げていただくよう、

１日の予定 ⇒ １週間の予定
⇒ １ヵ月の予定

の順に見ていきます。

1. 今日の予定を立てよう！

①朝から夜までをイメージしよう

達成難易度　★ ☆ ☆

予定を立てる時間を確保する

一日はまず、予定を立てる時間を最低 20 分は確保するところから始めます。一番やってはいけないのは、「今日はあれとこれと、いろいろやることがあるなぁ」とぼんやりして机に座ってしまうことです。

業務が始まると、予定を立てていくどころではなく、新しい仕事や指示に翻弄されて、今日何をやるべきで、それがどうなったかなど、気にする余裕もなくなってしまいます。

予定を立てる時間の確保で重要なポイントは 2 つです。

・自分の業務机に座る前に行う
・20 分間、邪魔が入らないようにする

この点に注意して、今日の予定を立てる時間を確保してみましょう。

なおその際には、別の紙に書き込んでもいいですが、手帳のその日のスケジュール欄や余白部分に書き入れることができれば書き入れます。

すべてを書き出してみよう

予定を立てる上で一番初めに行うことは、「頭の中にあるすべてを紙に書き出す」ということです。頭の中だけで予定を立てようとする方がいらっしゃいますが、必ず紙に書き出しましょう。

A 社のことを考えながら、B 社のことを覚えておくということはできません。一つ一つの予定をしっかり考えるためにも、「まずはとにかく紙に書き出す」という作業をしてください。

24

第1章　手帳を活用した上手な計画の立て方

　紙に書き出すという作業が終わったら、今度は手帳を開きます。既に
いくつか予定が書き込まれていると思いますので、改めて、今日一日朝、
机に座ってから夜帰るまでにやらなければならないことをイメージして
いきます。

　これによって、今日やるべき仕事の計画を立てる準備ができたことに
なります。

本日の予定をすべて書き出す

A社　提案書

B社　稟議書

C社　相談

D社　調べもの

E社　アポイント調整

勉強会の準備

本部との打ち合わせ

支店会議

F社の報告

25

今日の帰る時間を設定しよう

　一日の流れの中で、最初に決めなければならないのは、「今日は何時に帰る」ということです。**「パーキンソンの法則」**でも触れましたが、終わりの決まっていない仕事はムダに仕事量が増える傾向にあります。

　「必ず18時には帰る」という明確な目標を持ったら、手帳の18時のところに赤線を引いてしまいましょう。こうして、自分の使える時間を可視化することによって、だらだらと残業するのではなく、しっかりと業務を終えようという意識を持つことができます。

　もちろん、当日の仕事の状況によっては、目標の時間に帰ることができないかもしれませんが、「仕事が終わったら20時だった」と捉えるのと、「18時に帰ろうと思っていたが、当日発生した仕事の対応で2時間の残業が発生した」と捉えるのでは、大きな開きが出てきます。

第1章　手帳を活用した上手な計画の立て方

朝一番は"カエルを食べる"仕事から

　帰る時間を決めたら、後は今日やらなければならないタスクをやる順番に並べていくことになるのですが、その中でも「朝一番」にやる仕事はどういった仕事にすればいいでしょうか？

　それは、**「一番やりたくない仕事」**です。

　なんとなく気後れする仕事を少し後に回してしまうと、どんどん後回しになって、いつの間にか取り返しのつかない状況になったことはありませんか？

　そういった仕事は、他の仕事をしている間にも頭の片隅に残っていて、思考の邪魔をしてきます。

　みなさんはぜひ、「一番やりたくない仕事」を「朝一番」でやる習慣を身に付けてください。

　タイトルの「カエルを食べる」が気になった方は、「カエルを食べてしまえ 新版」（ブライアン・トレーシー　ダイヤモンド社）を読んでみてください。

仕事の単位は
15分／30分／それ以上

　次々と仕事をこなしていくわけですが、予定を立てる際は、その仕事にかかる時間で3つに分類します。

　それは、次の3つです。

・15分以内に終わる仕事
・15分では終わらないが、
　30分あれば終わる仕事
・30分以上かかる仕事
です。

15分で終わる仕事：
Tel アポ

15分〜30分で終わる仕事：
会議の資料作成

30分以上かかる仕事：
稟議書の作成
A 社訪問
B 社訪問

27

この単位で仕事を捉える理由は一日の中でのその仕事を配置するためですが、「15 分以内で終わる⇒スキマ時間でこなせる」「30 分以内で終わる⇒しっかり予定表に時間を確保する」といったかたちで、手帳に記載していくのです。

30 分以上かかる仕事は、15 分と 30 分に因数分解してください。なぜなら、30 分以上机に座って同じ仕事をするということは、集中力という面から見ても難しいことですし、特に金融機関の若手のみなさんが30 分以上同じ仕事をすることができる余裕が時間的に見てないはずなので、それを前提にした予定を組むと、必ず崩れるからです。

例えばトータルでは 1 時間半はかかるであろう稟議書の作成についても、べったりパソコンの前にいる必要はありませんよね？

アウトラインを 30 分で書き、必要な調査を 15 分×2 回で終わらせ、論点を最後の 30 分で詰めれば効率的に作成することが可能です。

一日の振り返りをしよう

一日を終えたら、必ず振り返りをしてから業務を終わります。

・予定していた仕事
・新たに増えた仕事
・完了した仕事
・自分の手を離れているが戻ってくる仕事
・明日以降でやらなければならない仕事

それぞれどんな仕事が当てはまりますか？

そして、今日は何が上手くいって、どこが上手くいかなかったか、上手くいかなかった仕事はどうやったら上手くいくのかを振り返り、手帳の当日の欄にメモをしておきましょう。

28

第1章 手帳を活用した上手な計画の立て方

自分をほめて一日を終わろう

　振り返りをする際には、必ず、自分が達成できたことを一つは見つけてから一日を終えるようにしましょう。

　例えば、朝一番で上司に悪い報告ができた、など、どんなことでも結構ですし、1週間前と同じことでも大丈夫です。

　これらも、手帳の一番下の欄などを活用して控えておきます。こうすることで、後から振り返ったときに自分の達成状況を目で確認することができ、自信につながります。

予定していた仕事： A社訪問 B社訪問 YDさん訪問
新たに増えた仕事： 上司からの資料作成 TNさんからの依頼→訪問
完了した仕事： 稟議書の作成、A社訪問、B社訪問
終わらなかった仕事： YDさん訪問→来週改めて
自分の手を離れているが戻ってくる仕事：
明日以降でやらなければならない仕事：

　1ヵ月20営業日だとして、1年では約240営業日あります。のべ240点も成長ポイントがあれば、1年後には大きく成長していくことでしょう。

Check Point!　予定のための時間を取る。すべてを紙に書き出す。仕事はやりたくない仕事から実行する。

1. 今日の予定を立てよう！

②新しい予定に対応しよう

達成難易度　★★☆

しっかりメモを取ろう

　新しい仕事は日々発生していると思いますが、一つ一つの予定を丁寧にやっていくためにも、しっかりメモを取るクセを身に付けましょう。「覚えていられる」と思っていると、落とし穴にはまります。

　その仕事をしている間に次の仕事を依頼され、何をやっているか分からなくなる、という状態です。

●メモを取るポイント

> ・具体的に書く
> ・受けた日時と期日を聞く
> ・アクションしなければならないことを明確にする

今やるべきか、後回しにするか

　新しい仕事が発生した場合、必ずこの判断が必要です。「今やっている仕事を中断して、すぐに取り掛かるべきか」「少なくとも今の仕事は完了させた上で取り掛かるか」です。

　ほとんどの場合、今の仕事は完了させた上で取り掛かるほうがベターです。そのために、一つの仕事は最大でも 30 分という単位にしているのです。

　しかし、時には、今の仕事を中断してでも、すぐに取り掛からなけれ

30

第1章　手帳を活用した上手な計画の立て方

ばならない仕事もあります。

　例えば、勘定の締まる15時までに完了させなければならないことなど、時限が迫っていて、一分一秒を争うような場合です。

　そういった仕事が発生した場合には、今、手掛けている仕事は中断して取り掛かりましょう。

　このようにメモを取りながら、仕事の優先順位を明確にしていきます。

Check Point!　メモを取る習慣を身に付け、仕事の優先順位を明確にしていく。

1. 今日の予定を立てよう！

③今日の仕事の準備をしよう

達成難易度　★☆☆

面談のシミュレーションはできているか

　今日の予定にお客様とのアポイントが入っている場合、しっかりと面談のシミュレーションをしておく必要があります。

●シミュレーションのポイント

・何時に始まって何時に終わるか
・雑談の話題をどうするか
・本題のポイントは何でいくつあるか
・次のアポイントをどのあたりで取得するか

●面談の種類

・書類受領等、事務的なもの
・案件提案・クロージング
・案件につながるニーズのヒアリングや情報提供
・案件は想定していない定期訪問

　特に本題のポイントについては、手帳に記載しておき、「忘れていた」ということがないようにしておきましょう。

資料の準備モレを失くそう

　面談のシミュレーションをする中ではより具体的な会話や自分の動作までを想定します。すると、「あの資料があったほうが分かりやすい」

第 1 章　手帳を活用した上手な計画の立て方

とか、「この書類のどこにサインをもらうべきか」といった点で準備不足になることを防げます。

　シミュレーションをする中で、不足だと感じた点はしっかりメモしておき、面談前に準備しておくようにしましょう。

Check Point!　面談する場合はシミュレーションをしておき、準備不足にならないようにする。

1. 今日の予定を立てよう！
④ゆとりの時間の作り方と使い方

達成難易度 ★★☆

空き時間とスキマ時間はどこに生まれる？

一日の流れを具体的にイメージしていくと、空き時間・スキマ時間が浮かび上がってくると思います。

●時間が空きやすいタイミング

- アポイントの前後
- 昼休憩の前後
- 朝一番、帰る前
- 15時で勘定が締まった後
- 会議の後　　　etc

こういった時間を明確に意識することで「15分」のタスクをしっかりこなしていけるようになります。

手帳を使う上では、予定の終わる時間が見えるように「16：00 A社面談」のようにしっかり線引きするなどの表記しておくと、見た目で分かりやすくなります。

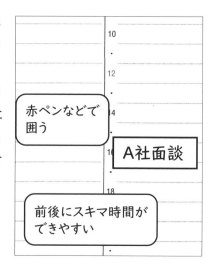

仕事の優先順位を決めておこう

　空き時間・スキマ時間にはどんどん仕事をこなしてほしいのですが、その際、どの仕事から手を付けるかという優先順位をあらかじめ決めておくとスムーズです。

　仕事の優先順位は、緊急性という軸と、重要度という軸でマトリクスを作り、「緊急かつ重要」⇒「重要でないが緊急」⇒「緊急でないが重要」⇒「重要でも緊急でもない」という順に行っていきます。
　同一カテゴリーでは、より「緊急性」が高いほうを優先するほうが上手くいきやすいものです。

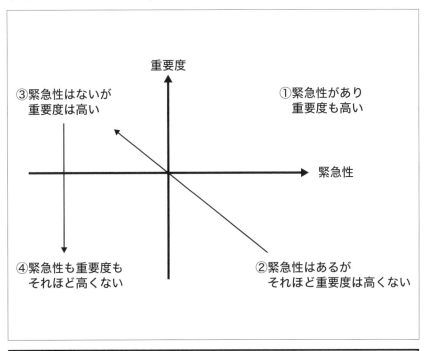

Check Point!　仕事は「緊急性」と「重要度」の点から優先順位を付けて実行していく。

1. 今日の予定を立てよう！

⑤１日の予定表を整備しよう

達成難易度　★☆☆

アポイントの表記を統一しよう

手帳に記載していく際、一定のルールで記載していくことが好ましいです。それは、まずは自分が見て、ひと目で分かりやすいという点です。タスクがあちこちに書いてある状況では、仕事が整理できないですし、また、書き込む際も、どこに書き込んでいいか決まっているほうがスムーズです。

一方で、手帳は上司が見たり、ときにはお客様が見ることもあります。手帳の中が整理整頓されていると、きっちりしている担当だと信頼を得ることにもつながります。

●ルールの例

・アポイントを［　］で囲む
・期限やリマインド(再確認)は１日の一番上、タスクリストは１日の一番下などとする
・アポイントの種類によって色分けをする
・社名を略称で書く

コンプライアンスに注意しよう

手帳を使う上で、しっかりコンプライアンスに注意した利用をしましょう。

具体的には、社外秘情報を外に持ち出さないようにします。万が一紛失した場合でも、取引先や個人が特定されないようにしておく等、細心の注意を払っておく必要があります。

第1章 手帳を活用した上手な計画の立て方

2. 今週の予定を立てよう！

① 1週間の目標を設定しよう

達成難易度　★ ☆ ☆

目標は数えられるもので

1週間の予定を立てる場合、1日よりも自由度が高いので、「1週間終わって思ったような成果が出ていない」というような予定の組み方をしている方もいらっしゃいます。

1週間の予定を組むにあたっては、数値目標の設定をしてから臨むと、より充実した1週間を送ることができます。

●数値目標の例

・訪問件（軒）数…10件（軒）など
・提案件数…5件など
・稟議の本数…2件 etc

毎週毎週「この数字は達成する」と決めて予定を組むと、達成したときは達成感を味わうことができますし、達成できなければ、翌週はどうやったら達成できるかを自ずと考える習慣がつきます。

また、目標を設定する際は、何件（軒）と数えられることの他に、「無理のない目標であること（少し頑張れば達成できる）」も重要です。

まずはすべてを書き出してみよう

1週間の予定でも、1日と同様、まずは「頭の中にあることをすべて1枚の紙に書き出す」というところから始めてください。

その上で、必要に応じて会社所定の資料と手帳を使って予定を整理し

第 1 章　手帳を活用した上手な計画の立て方

ていきます。

　1 日の予定よりも、より多くのタスクが出てくると思いますが、仕事の分類は 15 分か 30 分となるように、しっかり因数分解しておきましょう。

今週のタスク

A 社　面談
B 社　電話
C 社　電話
D 社　面談
E 社　クロージング
F 社
TN さん　確認
YM さん
YD さん

Check Point! 1 週間の数値目標を設定してから仕事に臨むこと。

39

実際の記入例

10 October

WEEK MEMO

今週必ず
契約1件!

今週の目標など
を記入

訪問　15／
提案　5／
稟議　3／
・A社　4／15
・B社
・C社　4／18

20
火
赤口
A社に連絡

21
水
先勝

8　　　8　　　8

10 ↓10:00　　10　　　10
　　　会社

12 ↓Tさん　田町　12　　　12

14　　　14

予定を「や[ ]で
囲むなどする

16 ↓15:00　　16　　　16
　　　M社

18　　　18　　18 ↓ノー残業デー

20　　　20　　　20

訪問件（軒）数
の数

☐ 1、2、3、4、5　☐ ペンディングリスト　☐
☐　　●●●●●　☐
☐　　●●●●●　☐
☐　　●●●●●　☐
☐　　　　　　☐

B社長から依頼
〜回答10／30

40

第1章　手帳を活用した上手な計画の立て方

10	月 火 水 木 金 土 日
	- - - 1 2 3 4
	5 6 7 8 9 10 11
	12 13 14 15 16 17 18
	19 20 21 22 23 24 25
	26 27 28 29 30 31 -

11	月 火 水 木 金 土 日
	- - - - - - 1
	2 3 4 5 6 7 8
	9 10 11 12 13 14 15
	16 17 18 19 20 21 22
	23 24 25 26 27 28 29
	30 - - - - - -

22
木
友引

23
金
先負

24
土
仏滅
営業

25
日
大安
事務など

8　8　8

来週のやることや
今週ペンディングと
なったものを記入

10　10

12　12

14　14　14

16　16　16

18　18　18

20　20　20

□　□　□
□　□　□
□　□　□
□　□　□

特に重要なものは
フセンで貼っておく

2. 今週の予定を立てよう！

②仕事の種類を分けてみよう

達成難易度　★☆☆

営業・稟議・事務・その他

渉外の仕事を大きく分けると、以下の4つになります。

> ・営　業 ㊀：取引先とのアポイント／電話など
> ・稟　議 ㊀：融資その他の稟議や債務者評価など
> ・事　務 ㊀：書類の準備・受領など
> ・その他 ㊀：会議や施錠開錠、研修や勉強会など

これらの4つのどの仕事なのかを分類しておくことは、1週間の予定のバランスを見る上で重要です。

気づいたらパソコンにかじりついて稟議ばかり書いていたり、書類のデリバリー屋さんのようになっていたりしないでしょうか？

渉外の本業たる「営業」にしっかり時間を使えるように工夫しましょう。

予定は色分けして記載しよう

手帳を開いてぱっと見でバランスが分かるように、**仕事ごとに色分け**をしておくとより意識が高まりますし、1週間の目標数に対して数える際も便利です。

特に、営業の予定については、目立つ色にしておくなど、アポイントを増やしたくなるように工夫します。

ただし、営業だけを優先させて、期日までに稟議が終わらなかったり、事務が疎かになるといった事態は避けなければなりません。

まずは、必ずやらなければならない仕事をきっちり予定することも重要です。

42

第 1 章　手帳を活用した上手な計画の立て方

29
月
先勝

8

10

$\begin{bmatrix} 11:00 \\ 書類整理 \end{bmatrix}$ 事

12

14

16

18

20

☐
☐
☐
☐
☐

30
火
友引

8

10　$\begin{bmatrix} 10:00 \\ A建設 \end{bmatrix}$ 営

12

$\begin{bmatrix} 13:00 \\ 上司打合せ \end{bmatrix}$ 他
14　$\begin{bmatrix} 14:00 \\ TNさん \end{bmatrix}$ 営

16

$\begin{bmatrix} 17:00 \\ 稟議書 \end{bmatrix}$ 稟

18

20

営業活動は赤
資料などは青
稟議書などは緑
　など

☐

1
水
先負

8

$\begin{bmatrix} 9:00 \\ YMさん Tel \end{bmatrix}$ 営

10　$\begin{bmatrix} 11:00 \\ B商店 \end{bmatrix}$ 営

12

14

$\begin{bmatrix} 15:00 \\ 会議資料 \end{bmatrix}$ 他

16

18

20

☐
☐
☐
☐
☐

Check Point! 仕事を４つに分類し、そのバランスを考えた活動を実践する。

2. 今週の予定を立てよう！

③アポイントを取ろう

達成難易度 ★★☆

営業に使えるコマはいくつ？

稟議や事務、その他の予定を入れ終わった後、営業に使える時間はどのくらい残っていますか？

ぼんやりと見ているとイメージできないので、手帳の空いているスペースを1時間ごとに区切ってみましょう。

1時間のマスがいくつありますか？　それが、入れられるアポイントの最大値ですので、予定の段階で目標に達しないようなときは、目標を見直しましょう。

1時間のマスは13時-14時のように「○○時ちょうど」を始点にするのではなく、12：45-13：45のように少し余裕を持たせて区切ります。

実際のアポイントは13時-13時半で取得すると、前後に15分ずつの「スキマ時間」を作ることができます。この時間はタスク処理をしてもいいですし、面談の最終確認や、面談終わりに「面談メモ」をつける時間に充ててもよいでしょう。

第1章　手帳を活用した上手な計画の立て方

アポイントの入れ方は3通り

　営業に使えるコマが可視化できたら、実際にアポイントを取得していきますが、アポイントの入れ方について分類して見ていきましょう。

(1) 面談後にアポイントを取る方法

　お客様が面前にいて予定が確認できるので、最もアポイントが入れやすい状況です。

　このとき、紙の手帳が一役買います。

　面談終わりに手帳を開くことで、自然と次のアポイントを入れようという動作になり、また、手帳にその場で予定を書き入れることで、お互いにアポイントを失念する、ということがほとんどなくなります。

　面談の内容によっては、その場でアポイントを取っていいのか迷う（提案を断られたのかどうか判断つきかねるとき、など）場合もあるかと思いますが、そのときも手帳を開き、次回の予定を尋ねるようなそぶりを見せると効果的です（動作訴求法）。

45

（2）電話でアポイントを取る方法

　1週間の予定を組む際には、この電話または後述のメールになると思いますが、「予定を組む」という観点でいくと、電話のほうが圧倒的に有利な方法になります。

　なぜなら、メールはいつ返信が来るか分からないですし、複数の日程候補を送っておくことが一般的だからです。

　しかし、みなさんの中には、電話でアポイントを取ることが苦手な方もいると思います。

　そういった方のできる工夫として「スクリプト（台本）」を手元に用意しておく、ということがあります。

●電話でのアポイント取り
＜基本的な例＞

> 　○○銀行の□□です。
> 　いつもお世話になっております。
>
> 　お電話しましたのは、××××の件でご予定をいただきたいと思いまして。
>
> 　ありがとうございます。では、
>
> 　●月×日の■時か、●月△日の▲時はご都合いかがでしょうか？

（3）メールでアポイントを取る方法

　お客様によっては、「メールで」と指定される場合もあると思います。

　この場合、アポイントを取ること自体は OK をもらえている場合と、アポイントを取ることからメールでお伺いを立てなければならない場合とがあります。それによって文面を変えておく必要がありますので、注意しましょう。

第1章　手帳を活用した上手な計画の立て方

●アポイントを取ること自体は OK をもらえている場合の文面例

件名：ご面談依頼（××の件）／○○銀行■■
○○社
○○○　様

いつもお世話になっております。
○○銀行の■■です。

ご面談の件ありがとうございます。

つきましては、下記の日程でのご都合はいかがでしょうか？
・○月×日 14 時
・○月△日 14 時
・○月●日 14 時
恐縮ですが、ご連絡をいただけますと助かります。

～署名～
○○銀行

●アポイントを取るところから始める基本文面例

件名：ご面談依頼（××の件）／○○銀行■■
○○社
○○○　様

いつもお世話になっております。
○○銀行の■■です。ご不在のようでしたので、メールで失礼いたします。

弊行の新商品「◎◎」について、ご案内の機会を頂戴できればと思い、ご連絡
いたしました。

□□な貴社には大変喜んでいただける内容なのではないかと思っております。

つきましては、下記の日程でのご都合はいかがでしょうか？
・○月×日 14 時
・○月△日 14 時
・○月●日 14 時
恐縮ですが、ご連絡をいただけますと助かります。

～署名～
○○銀行

47

2. 今週の予定を立てよう！

④仕組み化して動こう

達成難易度　★ ★ ☆

手帳が自分の司令塔

　せっかく予定を立てても、「そのとおりに実行できなかった」という方はいらっしゃいませんか？

　ついつい、やりにくい仕事を後回しにしてしまったり、稟議がはかどらなくて終わらなかったりと、理由は様々だと思いますが、それを繰り返していては、ビジネススキルは上達していきません。

　短期的に成果が上がるのではなく、成果を上げ続けている先輩は、自分の活動を**「仕組み化」**できている方が多いです。

　その時のモチベーションに応じて仕事の波を作るのではなく、予定した仕事を一つ一つやり切っていきます。

　そこで手帳が役に立ちます。手帳があなたの司令塔だと思って、それに従ってください。手帳に書いてあることについて**「やる」**か**「やらないか」**の判断は、予定を組んだときの自分が終わらせていますので、ただ**「やる」**だけです。

逆算してスケジュールを立てておく

　一つ一つの予定に集中するためにも、仕事を因数分解した上で、「逆算してスケジューリングをしておく」ということが非常に重要です。

　例えば、「○月末期日の融資書類をもらう」という予定について必要なアクションは、最低でも、

48

第 1 章　手帳を活用した上手な計画の立て方

・稟議の承認を取る
・書類を準備する
・取引先のアポイントを取る

となります。

それぞれにかかる時間や、取引先のアポイントをいつのタイミングで取るかなどを考え、余裕を持ったスケジューリングをしておきましょう。

F 社へのアプローチ

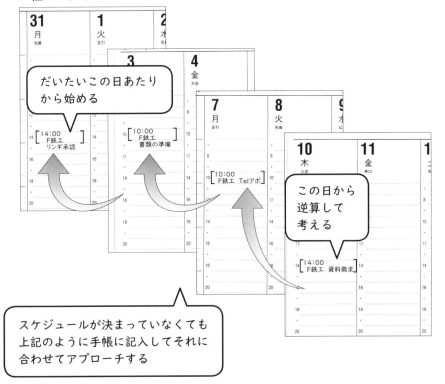

> **Check Point!** 一つの仕事について、逆算したスケジューリングで考える。

2. 今週の予定を立てよう！

⑤1週間を振り返ろう

達成難易度　★★☆

あなたのKPIは？

　金融機関の仕事は、1週間単位で目に見える結果を求めると苦しくなります。しかし、1週間の積み重ねが1ヵ月、1年の成果につながりますので、毎週毎週を充実させていくことが非常に重要となります。

　1ヵ月、1年の成果に結びつくように、「自分のKPI」を設定しこれを達成し続ければ成果に結びつく、というものは何なのかを考えます。

自分のKPIの例

・1週間の提案件数
・ビジネスマッチングの件数
・実権者との面談数　など

　KPI（Key Performance Indicater）とは、「重要業績評価指標」のことで、目標を達成するためのプロセスを具体化させ、それに沿って進めていくことです。例えば、「自分の目標に対して正しく行動できているかを測るモノサシ」だと思っていただければいいと思います。この数字に拘ることで、結果的に成果が出る、というものです。金融機関の仕事は、結果をコントロールすることは難しいと言えますが、一方で、自分の活動はコントロールすることができますので、自分の行動すなわち、上記の提案件数であったりマッチングの件数などを計測しましょう。

　そして、このKPIを基に1週間の自分の成果を振り返ります。

土日に仕事を持ち越すな！

　1週間を終える上で、気を付けてほしいのは、「土日に仕事を持ち越

第1章 手帳を活用した上手な計画の立て方

さない」ということです。これは物理的に持ち帰って稟議書を作成する、ということではなく、「あの仕事終わらなかった、どうしよう」「あの仕事どうなっていたっけ？」といったような、土日に考えたところで対策ができるわけではなく、「そのため不安が拭えることはない」という状態のことです。

これが続くと月曜日に出社することが憂鬱になり、土日は気が休まらずパフォーマンスが低下する、という悪循環に陥ってしまいます。

これをなくすには、金曜の夜帰る前に仕事の棚卸をして、終わっていないものは上司に報告しておく、といった行動を取ることです。

また、翌月曜の朝～昼までの仕事については段取りをつけておく、とうこともも有効です。これらは、「手帳にすべてが書いてある」という安心感の基に成り立ちます。

Check Point! 土日に仕事を持ち越さない。金曜日中に月曜日の午前中の段取りは付けておく。

2. 今週の予定を立てよう！

⑥週間の予定表を整備しよう

達成難易度　★ ☆ ☆

レイアウトを決めよう

1週間の見開きページのレイアウトを整えておきましょう。

これについても、自分のルールを作っておきます。例えば、銀行や信用金庫などの行職員であれば一般的には土日の欄が空いていると思いますので、スケジュールを書くのではなく、タスクを書くことにしたり、最上段には「今週のこだわり」を書く、といったことです。1週間の計数的な目標と結果も書けるようにしておくといいでしょう。

一度決めたルールは手帳を買い替えるまでは変えないことをお勧めします。

●レイアウト例

- ・土日の欄はタスクリストにする
- ・左端の余白には相場やその日のニュースを書く
- ・「今週のこだわり」などを書く

フセンを活用しよう

手帳のスペースだけだと書ききれなかったり、とっさにメモなどを取るような場合もありますので、メモ用のフセンを貼っておくと便利です。

また、アポイントの候補となっている日をブロックするなどにも使いますので、空いているページにフセンを貼っておくとよいでしょう。

第 1 章　手帳を活用した上手な計画の立て方

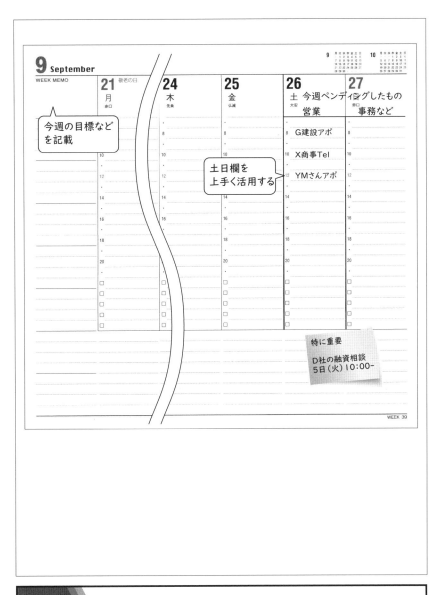

Check Point!　必要であればフセンを貼るなどして強調しておく。

3. 今月の予定を立てよう！

①すべてを書き出すことから始めよう

達成難易度 ★☆☆

月間の計画を立てるには時間が必要！

月間の計画を立てる際は、1日の予定、1週間の予定作りに比べて、多くの時間がかかります。まずは半日ほど時間を確保するようにしましょう。

その上でまずやることは、1ヵ月の計画を立てるときも、「頭の中にあることをすべて書き出す」ということです。漠然と考えていたこと等をすべて書き出したら、次は個社名のリストを使います。

これを使って、一社一社思い浮かべながら、思いついたことを書き留めていきます。

最後に、手帳と後述の訪問頻度管理表を使って整理していきます。

最終的には1枚にまとめる

1ヵ月の計画とはいえ、必ず1枚の紙にまとめる工夫をしましょう。一覧して把握でき、過不足がないように整理しておくことで、安心感を持って計画を立てることができます。

ここでは、1ヵ月にまとめたものを「月間計画サマリー」と呼ぶことにします。月間計画サマリーは折りたたんで手帳に挟んでおくか、貼り付けておきましょう。

網羅的に記載されているものを常に持っておくことで、予定の見直しがすぐにできたり、ヌケ、モレが起きないような安心感を持つことができます。また、翌年の同月などに参考として使うこともできるので、一度作っておくと重宝します。

54

第1章 手帳を活用した上手な計画の立て方

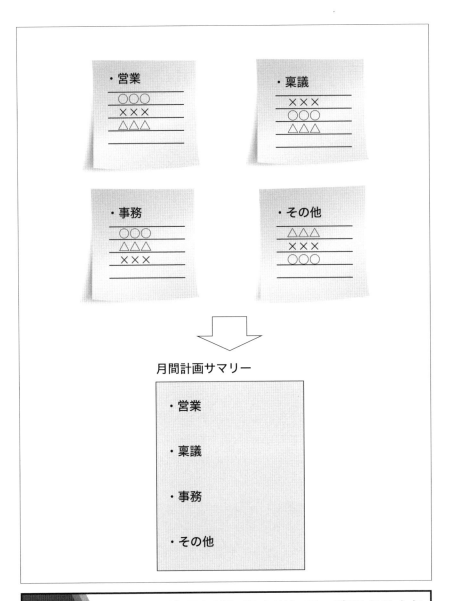

Check Point! 1ヵ月の計画を紙に書き出して一覧できるようにしておく。

3. 今月の予定を立てよう！

②取引先ごとのゴールを設定しよう

達成難易度　★☆☆

案件は1日にして成らず

　1ヵ月の予定を考えていくので、今は発生していない案件が発生する（発生させる）ということも考慮して計画を立てます。

　こういった案件組成については、1ヵ月以上の期間がかかることも多くあるので、ついつい成り行き任せになりがちですが、しっかりと計画立ててアプローチができるようになりましょう。

　そのためには、個社ごとに、「今月はここまで進める」というゴール設定が必要になります。また、案件が上手く進捗しなかった場合の二の矢、三の矢を準備しておくことも重要です。

　一社一社の取引先に対して、じっくりと向き合い考えておきましょう。かなり面倒に感じる方が多いかもしれませんが、実は、それぞれの会社について一度じっくり考えておけば、翌月からはさほど時間がかからなくなりますので、負担に感じるのは最初の1回目だけです。

仕事を俯瞰して考える

　一社一社を考えて仕事を進めていると、一つの案件にこだわってしまったり、一社に深入りしたりしてしまうことがあります。ネックが明確な案件については、そこを解消しないまま無理に進めるのではなく、いったんその案件は諦めて、別の案件に目を向ける、ということも必要です。

　このとき、他の取引先で案件が進行中であれば、今の案件からそちら

第1章　手帳を活用した上手な計画の立て方

に移行できますが、案件がなければそこにこだわってしまいます。

　つまり、案件進捗に対しては、一歩引いた目で見て、これがダメならそれ、それもダメならあれ、というように一つのものに捉われないようにしておくことが重要となります。

A社	融資計画あり、積極的に推進
B社	社長の事業承継、今すぐではないが考慮中
C社	従業員の福利厚生について

	第1週	第2週	第3週	第4週
A社	電話 アポ取り	面談		資料徴求
B社		電話 アポ取り		面談
C社	電話 アポ取り		面談	

まだ決まっていなくても、スケジュールとして考慮しておく。

Check Point! それぞれの会社に一度向き合ってじっくり考える。案件はいくつか持っておくことが必要。

3. 今月の予定を立てよう！

③訪問頻度を管理しよう

達成難易度　★★☆

「動きのないお客様」はいない！

「あのお客様は動きがないから、行かなくても大丈夫」と思っていることはありませんか？

実は、あなたのヒアリング不足だったり、リレーションが上手く取れていない場合、お客様はなかなか本音や、今後考えていることを教えてくれません。

企業が毎年毎年売上を上げて、利益を出していくということは、不断の努力のもとに成り立っており、「去年と全く同じことをしている」という企業はありません。

そういった企業の動きをつかむためには、こちらから見て何も動いていなさそうでも、定期的に足を運んで面談し、業況や今後の展望を共有しておくことが重要です。

そのためには、それぞれのお客様に対し、計画的に訪問計画を立て、システマチックに訪問するとよいでしょう。思いついたら訪問するというのでは、いつの間にか足が遠のいてしまうお客様ができてしまい、案件捕捉の枷になってしまいます。

誰といつ？

定期的に訪問するにあたり、訪問頻度だけを管理していると、気づいたら経理担当者にしか会っていない、逆に社長にしか会っていないという状態になってしまいます。

管理表では、人別に管理する、または、社長と会ったときは⑰、経理担

第 1 章　手帳を活用した上手な計画の立て方

当者とは㊲などのマークを付けて管理しておくと確認しやすくなります。

　訪問頻度管理表を作ったら、「誰と月に何回会うか」という計画を立ててみましょう。月中、通常の営業活動の中で、目標が達成できそうであれば、特に何もする必要はありませんが、達成できなさそうであれば、何かしらの理由でアポイントを取りましょう。

　こうしておけば、「アポイントを取る相手がいない」ということは起きませんし、お客様ごとに濃淡が付きすぎてしまうことも避けることができます。

訪問頻度管理表

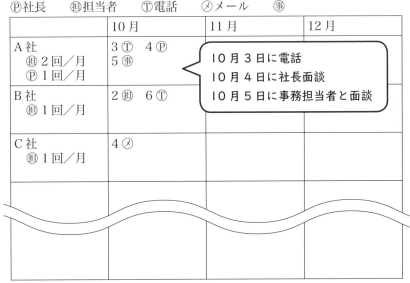

※数字は日付です

Check Point!　計画的に訪問計画を立てると同時に、面談した人についてもチェックしておく。

59

3. 今月の予定を立てよう！

④ 1ヵ月を振り返ろう

達成難易度　★★☆

数字がすべてを物語る！

　1ヵ月を振り返るにあたって、どんな方法があるでしょう。例えば「こんな稟議を書いた」「こんな案件を提案した」等々思い出に残っている内容はあると思います。

　しかし、案件の内容にばかり終始していると、営業活動は安定しません。月間でどのくらいの活動ができたか、という定量的な目線で測ることが重要です。例えば、何社訪問して、何社に提案ができて、その結果何社で案件が獲得できたか、という数字を確認します。「今月は働いた気になっていたけれど、数字上は普段よりも少なかった」「今月は成果があまり上がらなかったけれど、活動数は多かった」などいろいろな発見があると思います。

　金融機関の仕事では、今月頑張って動いたからといって、今月いきなり成果に直結することは少ないです。今月上がってくる成果は、数ヵ月前の活動に起因して、お客様に選んでもらったり、情報入手ができたりしていたことで上がってきているものと捉えましょう。

やらなければならない仕事⇒やりたい仕事

　では、1ヵ月の活動数を把握する際に、どういった観点でものを見ればいいか、考えていきましょう。

　まずは仕事の優先順位として、必ずやらなければならない仕事とできればやりたい仕事に区別して考えましょう。

　必ずやらなければならない仕事はいくつあって、それがどのくらいこ

60

なせたかをまず把握して、これが100%になっているかをチェックします。

次に、できればやりたい仕事がいくつできたかを把握します。

これを行うことによって、まずは最低限、やらなければならない仕事がこなせていることを確認し、やりたい仕事がいくつ上乗せできているかで活動数を図ります。こうしたものをPDCAのサイクルで考えます。

しばしば、やらなければならない仕事よりもやりたい仕事を優先する方を見かけますが、その行動は周囲の信頼を得ることができませんので、注意しましょう。

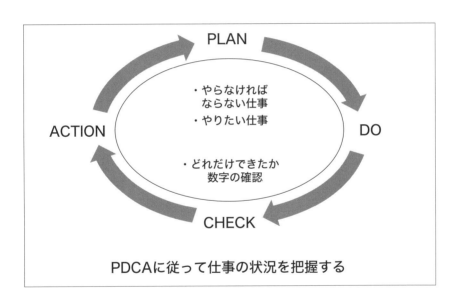

PDCAに従って仕事の状況を把握する

Check Point! 月間でどのくらいの活動ができたかを定量的に測る。

3. 今月の予定を立てよう！
⑤月間計画表を整備しよう

達成難易度　

月間計画サマリーと訪問頻度管理表

　月間計画を立てる上で、2つの表を手元に用意しておくと便利です。ひとつは「月間計画サマリー」です。

　これは、月間でやるべき仕事を一覧にしたものです。これを作成しておくことで、月間での仕事のヌケ・モレを防ぐとともに、当月の仕事の量を把握することができます。

　月間計画サマリーを作成するときは、顧客リストを横に置き、
①営業面
②稟議面
③事務面
④その他
のそれぞれについて、一社一社考えていきます。また、支店内でやらなければならないこと（勉強会、研修等や懇親会の準備など）についても、ここに入れておくようにしましょう。

　もう一枚は、「訪問頻度管理表」です。顧客リストの横に日付を入れたものになります。

　一日が終わるごとに、実権者との面談が何件できたか、という計数を記録していき、月で締めておきましょう。

　ポイントとしては、実権者との面談が全体のどのくらいできているか、足が遠のいているお客様はいないかをチェックします。

　実権者にしばらく会っていない、といった取引先に対しては理由をつけてアポイントを取っておきましょう。

第1章　手帳を活用した上手な計画の立て方

月間計画サマリー

10月 October

月	火	水	木	金	
28 会議資料	29 会議	30 A社 営 ST 口 YM 投	1 仏滅 B社 営 D社 営 確定拠出年金の日	2 大安 C社 営 E社 営	3
5 友引 F社 営	6 先負	7 仏滅 G社 営	8 大安 SS 保	9 赤口 TB 口	10
12 先負	13 仏滅 H社 営	14 大安 A社 営 Z社 営	15 赤口 J社 営	16 先勝 D社 営	17 貯蓄の
19 大安 会議資料 他	20 赤口 会議 他	21 先勝	22 友引	23 先負	24
26 赤口	27 先勝	28 友引 D社 営	29 先負	30 仏滅 A社 契	31

訪問頻度管理表

A社	資金繰り	9/30 10/14 10/30
B社	融資	10/1
C社	営業	10/2
D社	営業	10/1 10/16 10/28
E社	保険	10/2
F社	営業	10/5
G社	資金繰り	10/7
H社	融資	10/13
I社		
J社	融資	10/15
K社		
L社		
ST さん	ローン相談	9/30
YM さん	投資信託	9/30
SS さん	保険	10/8
TR さん		
KI さん	住宅	
TB さん	ローン相談	

59頁と型式は異なりますが、
用途は同じです。

63

4. ルーティンワークを整理しよう！

①毎日／毎週／毎月やる仕事

達成難易度　★ ★ ☆

予定を忘れると大変なことに…

　あなたが、毎日やらなければならない、繰り返しの予定は何でしょう。例えば日報の入力。1日3社訪問するとしたら、1日入力しないと翌日は6社の入力をしなければならず、これは大変な負担になります。

　こうした「ルーティンワーク」を整理しておくことは、日常の仕事を効率的にこなしていく上で、重要です。

　毎日やるべき仕事の他、1週間に一度水曜日にやる仕事や、毎月15日にやる仕事、などついつい忘れがちな仕事も整理しておくことで、モレなく実施することができます。

　こうした忘れがちな予定については、当月の予定を実施してすぐ、手帳に次の予定を書き込んでおいたり、1ヵ月分まとめて書き込んでおくようにしておきましょう。

　なお、リスト化したら、行内イントラなどでのリマインダー（インターネットやスマートフォンを活用した予定通知機能）を活用するのも有効です。

ルーティンワークはどれだけ早くこなせるか

　ルーティンワークは、ほとんどの場合、あまり考えなくてできる「作業」だと思います。こうした仕事については、いかに早く、ミスなく終わらせるか、という点にこだわってみてください。

　もちろん、反復していくうちに要領をつかんで、スピードが上がってくることもあると思いますが、例えばひな型を作っておいたり、手順を

第 1 章　手帳を活用した上手な計画の立て方

書き出しておいたりすると、将来、あなたが誰かに引継ぎをしなければならないとき等に役立ちます。

Check Point! 毎日／毎週／毎月行う仕事について、リスト化し書き込んでおく。

4. ルーティンワークを整理しよう！

②チェックリストの作り方

達成難易度　★ ★ ☆

繰り返している仕事を拾っていく

　では、具体的にルーティンワークをまとめた「チェックリスト」を作っていきましょう。

　ここでも手帳が大変役立ちます。手帳を 10 週間分ほどさかのぼって見ていくと、繰り返している仕事、パターンが決まっている仕事が出てくると思いますので、それを拾っていきます。

　その上で、いちいち手帳に書いていない仕事もあると思いますので、これを追加していきます。

　ポイントは、「誰かに引き継がせるつもりで作る」ということです。こうしておくと、仕事を機械的にこなしていくことができるようになり、負荷が軽減していきますし、例えば急に休みを取らなければならないときにも重宝します。

●ルーティンの例

> 毎日：日報の作成、日足表の確認、顧客関連記事のチェック、など
> 毎週：会議資料への入力、
> 　毎月：各社預金残高の確認

1 ヵ所にまとめて書いておこう

　書き出したら、手帳の見やすいページにまとめて書いておきましょう。消込ができるように、コピーして手帳の「今週のページ」に挟んでおくとよいでしょう。

第1章　手帳を活用した上手な計画の立て方

毎日の業務
・日報の作成
・日足表の確認
・お客様の記事
・解錠 → 毎日（当番制）
・金庫内の預かり書類の確認・処理
・新聞記事のコピー
・支店長の予定確認
・行内通達/訃報情報の確認
・会議資料の確認・修正
・営業鞄の中身の点検
・日報の入力

毎週の業務
・会議資料の作成
・早帰り日のアナウンス：
　毎週水曜日
・投信販売推進打ち合わせ資料
　の作成：毎週金曜日

毎月の業務
・A社の預金残高の確認：
　毎月25日
・B社の預金残高の確認：
　毎月27日
・C社の振込件数の確認：
　毎月26日
・H社の試算表を取得：
　毎月23日

ルーティンチェック

Check Point! ルーティンワークをまとめた「チェックリスト」を作成する。

67

4. ルーティンワークを整理しよう！

③クローズドリストにしよう

達成難易度　★★☆

「終わる端から増えていく！」では終わらない

　ルーティンワークに限らず、「今日一日」でやる作業のリストは極力朝一番で決めたものから増やさないようにします。

　つまり「クローズドリスト」にしておくことで、「今見えている仕事をすべて終わらせれば、今日は終わり」という状態で仕事に取り掛かることができ、精神的に安定した状態で仕事ができます。

　これが、次から次へとタスクが増えていく状況だとどうでしょうか。やってもやっても仕事が終わらないので、積極的に仕事を終わらそうとするモチベーションが下がっていきます。

　そうはいっても、営業の仕事は今日発生した仕事を今日完了させなければならないこともあります。その場合は後述しますが、あらかじめ用意しておいた「バッファ」の時間を上手く使って仕事を完了させていきます。

「明日でもいいですか？」

　クローズドリストを基に仕事をしていくコツは「明日でもよさそうな仕事をいかに見極めるか」です。緊急性の低い仕事にすぐに取り掛かっても、あまりメリットはありません。「明日でいいことは明日に回す」「今日中に着手しておかなければならないことは、すぐに段取りを整える」というように、しっかりと仕事を見極めていきます。

　なお、今日中に完了させなければならない仕事が発生した場合は、後述の「突発的な仕事への対応」でお伝えしていきます。

第1章　手帳を活用した上手な計画の立て方

　仕事を「明日に回す」ポイントは、しっかりと「明日でもいいですか？」と聞いておくこと、そして、しっかりとメモを取っておくことです。
　仕事の目的、期日、指定された方法や様式があればそれをしっかりメモしてきましょう。

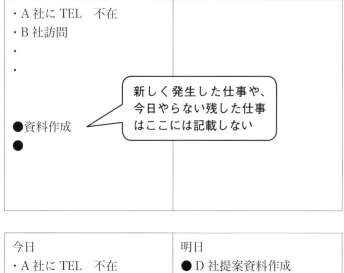

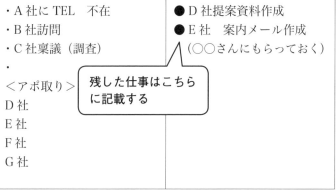

Check Point!　今日すべき仕事と明日以降でもかまわない仕事を明確にしておく。

4. ルーティンワークを整理しよう！

④忘れないための工夫

達成難易度　★ ★ ☆

ITとの連携をしよう

　前述のとおり、ルーティンワークを忘れてしまうことをできる限り避けたいので、手帳への記載のほか、IT（行内イントラネットやスマートフォンのリマインダー等）を上手に活用していきましょう。

　行内イントラネットのリマインダーでは、自分にメールが来るように設定できるものもあり、例えばメール本文にリンクが表示されるように設定しておくなど、様々な工夫が考えられます。

　スマートフォンのリマインダーアプリの利用も非常に有効です。ほとんどの方は、スマートフォンを肌身離さず持っていると思いますので、忘れることはないでしょう。

　ただし、スマートフォンを利用する場合は、顧客名などの社外秘情報は記載せず、「今日のルーティン①」などと簡単に記載しておいて、詳細は手帳に書いておくというように、コンプライアンスに十分配慮するようにします。

いまの習慣に上乗せする

　また、習慣作りという観点では、いつも必ず行っている習慣に上乗せしていく、という方法もあります（20頁参照）。

　例えば、朝一番で必ずパソコンを立ち上げるのであれば、パソコンの画面の端のほうに「作業を開始」「10時訪問」などと書いたフセンなどを貼っておきます。こうすることで、パソコンを立ち上げたら、必ずフセンが目に入るので、忘れにくい仕組みができるのです。

第1章　手帳を活用した上手な計画の立て方

Check Point! スマートフォン等のリマインダーやパソコンの端にメモを貼っておくなど忘れない工夫を。

4. ルーティンワークを整理しよう！

⑤繰り返すようで繰り返さない予定

達成難易度　★ ☆ ☆

一過性のルーティンはやっかい

　時期物のキャンペーンのように、一定期間だけ繰り返すような作業や、上司の指示で会議のために特定の項目についてまとめるといった、繰り返すように見えて、実は次回以降は繰り返さないような作業はやっかいです。

　その予定のために、段取りを組んで準備をしていても、結果的に必要なくなる、ということが発生します。そうすると、その作業に費やしていた時間がムダになってしまいます。

「今後もありますか？」と聞いておく

　こうした状態を防ぐためにも、「この仕事は来月も発生しますか？」「来週も続けたほうがいいですか？」と上司に確認しておくことが最も効率的です。

　上司は全体の予算等に対しての達成率などで、資料作成を指示しているものなので、しっかりとコミュニケーションを取っておけば、必要のない資料を作らされるようなことはありません。

　また、これにより、「この資料はなぜ必要なのか？」を考える習慣がつきます。自分をただの作業員にしないためにも、常に何のための仕事なのか、省ける部分はないのか、または工夫の余地がないのかを考えるようにしていきましょう。

第1章　手帳を活用した上手な計画の立て方

Check Point!　繰り返さない作業については、上司に確認して必要ない資料等の作成はしない。

第 2 章

こんなケースでは
どうする？

渉外の仕事は、予定していたことだけが起こるのではなく、

むしろイレギュラーな対応のほうが多いといえます。

それについて、どのように対処していくかを解説していきます。

1. イレギュラーな日の対応

①月によって違う繁忙度

達成難易度 ★ ★ ☆

忙しい月は3・6・9・12月？

金融機関の仕事は、通年通して同じリズムで進むことは少ないです。四半期決算のタイミングや、人事異動のタイミング、夏季休暇で出勤者が少ないなど、金融機関の事情によるものや、お客様の決算前後や大きな案件が動くタイミングなど、お客様の事情によって左右されるものもあります。特に期末である3月、上期末である9月、年の瀬の12月は忙しくなる傾向にあります。

●月ごとの要因

1 月	賀詞交歓会
2 月	営業日が少ない
3 月	期末
4 月	期初、支店長人事異動など
5 月	ゴールデンウィーク
6 月	特になし
7 月	特になし
8 月	夏季休暇取得
9 月	半期末
10 月	特になし
11 月	特になし
12 月	年末挨拶

異動があると送別会が

例えば、人事異動がある月には送別会があり、自由に残業するわけにもいかない、という事情があったりします。

このように、月ごとの特殊要因について、「このイベントがあることによって、こういったことが起き、その結果、使える時間が短縮される」または「仕事がやりにくくなる」といったことを考えておく必要があります。

例えば、4月に支店長や融資課長の人事異動がある場合、新任の上長は取引先のことについてあまり詳しくないため、稟議が回りづらかったりしますので、こうした点にも注意が必要となります。

Check Point! 月によって業務量が増えるなど、仕事がスムーズにいかなくなることを考慮して取り組む。

1. イレギュラーな日の対応

②早帰り日（ノー残業デー）

達成難易度　★ ★ ☆

必ず早く帰ることを決めよう

昨今の状況では、残業せずに早めに退店することが奨励されています。特に、組合主導の「ノー残業デー」や、早帰り強化週間のように残業が一切できない状態になる日も多いのではないでしょうか。

残業できないからといって、仕事の量が少なくなるわけはありませんので、より仕事の効率を上げていく必要が出てきます。

「パーキンソンの法則」でも触れましたが、まずは、「必ず早く帰る」ということを「決める」ことから始めましょう。「残業できるかも」と思って仕事をしていると、ついつい仕事が延び延びになってしまいます。

例えば、17 時には退店しなければならないのであれば、16 時半を過ぎたら施錠を始めておかなければなりませんし、そのためには、自分の仕事はそれまでに終わらせておく必要があります。

ということは、日報等の作成にかかる時間を引いて、帰店時間を決めておかなければならず、面談もスピーディにこなさなければいけないなど、効率的な仕事の仕方を考えるようになります。日報の作成に 30 分かかるとすると、退店時間の 30 分前には帰店しなければなりません。

「期限のない仕事」にしないように気を付けましょう。

みんなを帰らせよう！

同僚を帰らせることも重要です。金融機関の一員として気にしなければならないのは、自分がいつ帰るかではなく、「店が何時に閉まったか」です。

78

第 2 章　こんなケースではどうする？

　常にチームワークで仕事をすることが求められる金融機関においては、さっさと自分だけ片づけをしてしまうのではなく、自分の手元も片づけつつ、周囲を見渡して、仕事が残っていそうな同僚については、積極的に手伝いましょう。

　逆に自分が大変なときには助けてもらうこともあると自覚しておかなければなりません。

> **Check Point!**　「早帰り」のときは面談を短くまとめるなど効率的な仕事を遂行する。

1. イレギュラーな日の対応

③五・十日（ごとうび）

達成難易度 ★ ★ ☆

忙しいのは誰？

　金融機関の典型的な繁忙日として、「ごとうび」（五・十日）があります。これは、5か0のつく日で、企業の振込の期日だったり、給与の振込日だったりして来店客が多くなるため忙しくなる日です。

　最近では、インターネットバンキングの広まりなどで、必ずしも来店するわけではありませんが、事務方が通常の日よりも忙しくなることに変わりはありません。

　ですから、普段の日よりも事務方の処理が滞りがちとなり、仕事を依頼しづらくなるなどして、結果的に自分の仕事が滞ってしまうことが多々あります。

　逆に事務方に配慮なく仕事を依頼していると、支店内の連携が上手くいかなくなったりもします。

　事務方から、「昨日のうちに依頼してほしかった」ということを言われないようにしたいものですが、なかなかそこまで気を回すのは難しいものです。

　そういったときは、手帳の日付のところに赤マルをするなどして、意識付けをするようにしてみましょう。

五日や十日ではなくなっていく傾向も

　インターネットバンキングの普及や、繁忙日の回避をする企業の工夫もあって、繁忙日が五日や十日ではなくなっていく傾向にもあります。自分の支店の繁忙日がいつなのか、支店の中をよく観察したり、事務方

80

第2章 こんなケースではどうする？

とコミュニケーションを取ったりしてみましょう。

　自分の支店のいつが繁忙日になるかが分かっていれば、取引先と話していて、「銀行で待たされた」というようなことを言われても、「その日はご来店が多いんです。その前日であれば、あまりお待ちいただかなくても大丈夫です」といった会話にもつながります。

　偶数月（2,4,6,8,10,12月）の15日は、年金支給日となりますので、高齢者が多い地域ですと忙しくなりがちです。その他にも、生活保護費は毎月1～5日に支給されますので、対象者が多い地区では気を付けたいものです。

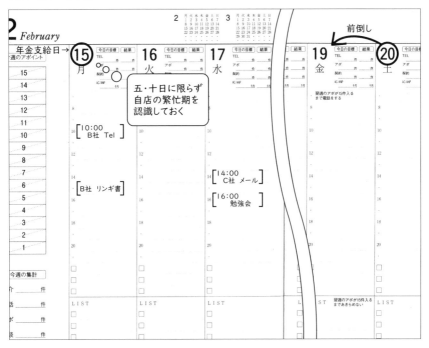

Check Point! 事務方にも配慮するなど、自店の繁忙日を認識しておく。

1. イレギュラーな日の対応

④年末年始

達成難易度　★ ★ ☆

仕事が滞るのはなぜ？

　年末年始特有のイベントとして、カレンダーや手帳の配布、支店長の挨拶廻りなどがあります。まずは、自店ではどのような行事があるかを把握しましょう。

　特にこの時期は、自分が動かなければならないイベントも多くありますが、支店長の予定が埋まっていくことで、決裁が滞りやすくなることが多いです。稟議の回付を早めに行う等のスケジューリングを心がけましょう。

　また、年末年始は支店の外の交流（同期会、地域本部での交流、など）も増えます。こうした会は普段は知らない情報に触れることができ、有意義なことが多いです。スケジュールを上手く調整して、しっかりと間に合うように参加したいものです。

　また、年末年始については、法人のお客様については最終営業日と営業開始日を、個人のお客様では帰省や旅行のスケジュールなどを、事前に聞いておくことも重要です。

　通常月に比べて前倒ししなければならないことはないか、また年末に預金の不足等がないよう、多めに預金を置いておいていただくことはないかを考えましょう。

Check Point!　年末年始は特に各種行事等が多くなるため、スムーズなスケジューリングの構築を。

第2章　こんなケースではどうする？

	月	火	水	木	金	土	日
12	・	1	2	3	4	5	6
	7	8	9	10	11	12	13
	14	15	16	17	18	19	20
	21	22	23	24	25	26	27
	28	29	30	31	・	・	・

	月	火	水	木	金	土	日
1	・	・	・	・	1	2	3
2021	4	5	6	7	8	9	10
	11	12	13	14	15	16	17
	18	19	20	21	22	23	24
	25	26	27	28	29	30	31

nber

14 月

今日の目標　結果
TEL ＿＿件　＿＿件
アポ ＿＿件　＿＿件
契約 ＿＿件　＿＿件
AC/ANP ＿＿千円　＿＿千円

8

10 ［ 10:00
　　K工業
　　　支店長 ］

12

14

16

18

20

☐ ・カレンダー・手帳を取引先へ
☐ ・支店長不在多し→稟議書は早めに！
☐

LIST
☐
☐
☐
☐

15 火

今日の目標　結果
TEL ＿＿件　＿＿件
アポ ＿＿件　＿＿件
契約 ＿＿件　＿＿件
AC/ANP ＿＿千円　＿＿千円

8

10

12

14 ［ 14:00
　　W建設
　　　支店長 ］

16

18

20

☐
☐
☐

LIST
☐
☐
☐
☐

16 水

今日の目標　結果
TEL ＿＿件　＿＿件
アポ ＿＿件　＿＿件
契約 ＿＿件　＿＿件
AC/ANP ＿＿千円　＿＿千円

8

10

12

14

16

18

［ 19:00
　忘年会 ］

20

☐
☐
☐

LIST
☐
☐
☐
☐

1. イレギュラーな日の対応

⑤期末期初

達成難易度　★★★

仕事の優先順位をつけておこう

　期末の仕事は期限がタイトなことが多くなります。また、営業成績を気にして動かなければならないので、成約になりそうであれば、素早く動いて、年度をまたぎそうな場合は余裕を持って先送りするなど、メリハリのきいた案件進捗が必要になります。

　そのためには、自身の案件を常に整理して、優先順位をしっかり付けておきましょう。

　手帳のスペースに「見込案件」を箇条書きにして、常に見直していくことも有効です。

【見込案件例】

```
＜融資＞
  Ａ社  10百万円    ×
  Ｂ社  15百万円    △
  Ｃ社  20百万円


＜収益＞
  ○○様  100千円   ○
  ○○様  300千円
  ○○様  500千円
```

Check Point!　年度内で成約する案件と先送りする案件の順位付けを行う。

第 2 章 こんなケースではどうする？

2. 突発的な仕事への対応

①お客様からの案件相談

達成難易度 ★★★

まずやるべきことは…

　渉外活動では、お客様から突発的な仕事の依頼が来ることも多くなります。このような相談に対し、特に成果にもつながらないものは「面倒だな」と思う方も多いと思います。

　しかし、突然の依頼に対しての対応はお客様からの評価につながります。特に担当を引き継いだばかりのとき、「この担当者は自社のために動いてくれるのか」「フットワークはどうなのか」という目線で見られていることを意識しましょう。

　とはいえ、「できます！」と言って結局できないとお客様に迷惑がかかるので、その仕事をその期日で受けても大丈夫かどうか、まずは判断することが大事です。

　手帳を広げ、期日までのどの時間でやるのかをしっかりとイメージして、仕事を受けるようにしましょう。

期日をしっかり聞く・メモをしっかり取る

　仕事を受ける際に重要なことは「分かったふりをしない」ということです。その仕事を具体的に、実務でやったことがないのであれば、「どのくらいかかるかをお調べします」というように、正直に答えましょう。また、お客様がなぜその依頼をしたかの背景や、目的に至るまでをしっかりとヒアリングし、メモを取ります。

　メモのポイントとしては、誰からの相談で、受けた時間、目的、そして期日を明確に書いておくことです。

第2章　こんなケースではどうする？

　後から上司に相談しなければならない状況になったときなど、メモを見せながら指示を仰ぐことで、報告の時間を短縮できます。
　上記のうち、特に期日には気を付けましょう。余裕を持とうとして、長めの期日を設定したくなるものですが、お客様から「そんなことで、そんな時間がかかるの？」と思われるかもしれません。少し長いな、という期日を設定するときは、「これこれ、こういう手順になるので、○○日までお時間いただいてもいいですか？」という理由もしっかり伝えておきましょう。

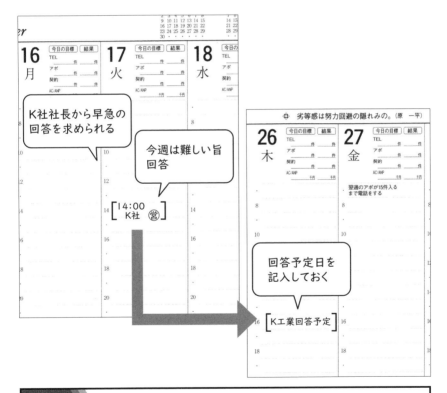

Check Point!　突然の仕事の依頼はお客様からの評価につながるため、しっかりとした判断が必要となる。

2. 突発的な仕事への対応

②頼まれごとは試されごと

達成難易度　★★★

「急がないので」は信用しない

　期日を先方から設定していただければ決める必要はないのですが、中には「急がないので」という言い方をするお客様もいます。

　この場合「急がない」という仕事は期日がないように感じてしまいますが、お客様の中では、「さすがに来週にはもらえるだろう」とか「明日には返事があるだろう」という基準が実はあるものです。

　ですので、必ず「であれば、いついつをメドにご回答しようと思いますが、それで間に合いますか？」といったようにこちらから期日を切り出しましょう。

　また、**「頼まれごとは試されごと」**という言葉があります。お客様は「急がないけど」といって依頼した仕事をすぐに片づけてくれると、「仕事の早い担当だ」と信頼感が増します。

　お客様からすると、金融機関に対して「急ぎで」ものを頼むのは、気が引けるものです。本当は早く回答がほしくても「急がないので」と言っている可能性も十分あり得ます。

　仕事を早く終えることで、少しずつお客様の信頼を取り付けていくことができ、逆にこちらが急ぎの資料をお願いしたいときなどに、お客様が動いてくださるものなのです。こうした**「信頼の預金」**を預かっていくことも渉外担当の重要な仕事です。

すぐにやると感動される

　頼まれた仕事を「すぐに」片づけるのは難しくても、すぐに「段取り

88

第2章 こんなケースではどうする？

をつける」ことはできると思います。お客様の困りごとは様々で、単純に成果物がほしいときもあれば、とりあえずいつ回答がもらえるかが分かればいいというときもあります。

　お客様の課題がどこにあるかをしっかり考えて、適切に対応しましょう。

　また、お客様が「多少時間がかかるだろうな」と思っていることをものの10分程度で手配してしまうといった、「相手の期待を上回る行動」は「感動」を生みます。イザというときにそういった対応ができるように、日々経験を積んでいきましょう。

Check Point! 期日の設定がなければこちらから切り出す。
相手の期待を上回る行動を心がける。

2. 突発的な仕事への対応

③ゴールを共有する

達成難易度 ★ ★ ★

5分考えて分からないことは、5時間考えても分からない

　仕事の依頼を受けたときには、まず段取りを整えて、依頼主との間で「こういう形の成果物を作る、または回答をする」というゴールを共有しておく必要があります。

　これをやっておかないと、出てきた成果物や回答が的外れなものになってしまい、せっかく時間を使って実施したのに採用されなかった、といったことにもなりかねません。

　このとき、時間をかけてうんうん唸っていても、**「5分で整わない段取りは5時間かけても整わない」**ものです。

　整わない理由は、あなたに経験や知識がないためであったり、あるいは元々あなたには「できない」ことだからです。

　あなたの経験や知識の問題であれば、上司や先輩など、できそうな人に相談すべきです。

　また、できないのであればできないなりに、「ここまではできるが、これ以降はできない」などとできる範囲を相手に伝えなければなりません。

　相手の依頼に対し100％の回答ができない場合でも、お客様は何に困っているのか、どこまで手伝えばいいのかなどを確認します。

　時間が経つとお客様も完璧なものを求めてきますので、まずは早急に返事をすることです。

期限がないのは相手もつらい

　何度も言いますが、必ず、「いつまでに」という期限を設定しましょう。

第2章 こんなケースではどうする？

どのくらいかかるかが分からないと、精神的にも疲れてしまいます。

例えば、取引先の経理担当から依頼を受けたとして、その経理担当者は社長から「銀行からはいつ出てくるのか？」と聞かれることもあるでしょう。社長にしてみれば、融資の可否であれば、A銀行が難しければB銀行にというように、他の選択肢を検討しなければなりません。そうした時間を作る必要があるのです。

ですから、回答の期限が分からないことは自分だけではなく、相手も大変な思いをすることになりますので、期限を設定するなり、早めに回答することを心がけることです。

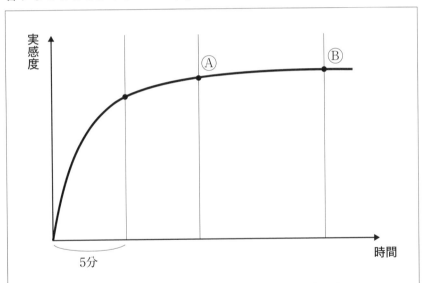

Ⓐ 時間が経過しても当初とそれほど変化がない場合が多い
Ⓑ かなり時間が経過した場合は、完璧なものを要求してくる

Check Point! 仕事の依頼では「いつまでに」というゴールをお客様と共有しておくことが大事。

2. 突発的な仕事への対応

④ 15分でアウトラインを書こう

達成難易度　★★★

手書きでOK！スピードが命

　突発的な仕事だけではありませんが、仕事を受けたら、まずはアウトラインを描きます。「たたき台」などと言うこともありますが、要はザックリとしたものでかまわないので、概要の分かる資料を作ります。これに時間をかける必要はなく、とにかくスピードが大事です。字が読めれば手書きでもかまいません。

　たたき台を作ったら、依頼主に見せて共有します。依頼されてから共有するまで、15分程度で行いましょう。

　たたき台があることによって、図表等で話が展開できるため、完成形を関係者にイメージさせた状態で仕事が進みますし、何より、早めに完成形を共有できていると、誤りがあったり、異なるものに変えたいときなどでも、軌道修正が早めにでき、時間の短縮につながります。

　これが、時間をかけてパソコン作成した後に、修正されるとかなりの時間がかかってしまいます。

スケジューリングの習慣が活きる

　また、仕事の段取りを付ける際には、普段からスケジューリングをしていることで、よりスムーズに段取りを付けることができるようになります。

　期限を設定したら、それを逆算していつまでに何をやるかを決め、具体的にできる時間を確保する、という動作が素早く行えるようになっていれば、突然の仕事に対してもしっかりと対応できるはずです。

第 2 章　こんなケースではどうする？

ひな型・フレームを把握しておきその場で相談者に確認を取る

相続対策	
Before	After
・現状	
・資産	
・相続人	
・会社は長男に渡す	
・	
手帳のメモ欄に ザックリとしたものを 依頼者と構築する	

・その場で相手に見せながら記入していく

Check Point! ▶▶ 仕事を受けたらまずはアウトラインを構築し、完成形をお客様と共有する。

2. 突発的な仕事への対応

⑤割を食った仕事のフォロー

達成難易度 ★★★

「申し訳ない」という気持ちが大事

　突発的な仕事を受ける場合、元々予定していた仕事が後回しになってしまうことがあります。当初予定していた仕事よりも優先度が高いと思って突発的な仕事を受けているわけですが、これはあなたにとって正しい仕事の組み立て方であるものの、あなたの都合です。お客様には関係ありません。

　元々予定していた仕事を後回しにすることによって、仕事に悪影響の出る方がいるかもしれないので、そうした人への配慮は非常に重要となります。まれに、「こちらの都合で優先順位を変えて何が悪いのか」と、さも当然と言わんばかりの態度の担当者もいますが、仕事を後回しにしたのはこちらの都合ですので、相手に対して「申し訳ない」という態度で接するべきです。

　割を食った仕事（お客様）に対してフォローをしっかりすることで、今後の自分の仕事のやりやすさを保つことができます。

すぐに次の約束を取り付ける

　また、後回しにする仕事については、「こういう事情で、期限に間に合わない」「元々の提出予定から遅れる」ということを伝えることはもちろんですが、いつまでにできるという「期限」を改めて約束するのです。

　このようなコミュニケーションをしっかり取っておくことで、相手に安心感を与えることができます。

第2章 こんなケースではどうする？

　これは、例えばアポイントのときも同じで、お客様との予定に5分遅れそうなときなど、遅れるのが分かった時点で電話をする、ということと同じです。何も言わずに遅れると、「期限にルーズな人なのか」とか、「誠実でない」という印象を持たれてしまいます。
　お客様に迷惑をかけることについては、事前に陳謝するとともにいつまでにどうするかをお伝えすることが大事です。

Check Point! 受けていた仕事を後回しにする場合は、こちらの事情等を伝え再度期限等を約束する。

2. 突発的な仕事への対応

⑥無理難題を言われたら

達成難易度　★★★

明日の朝一番で！

　突発的な仕事の中には、無理難題のようないわゆる「ムチャぶり」も
あります。「明日の朝までに融資の回答をしてほしい」「今から来られな
いか」といったスケジュール的に対応できないことを言われ、あたふた
してしまうこともあるでしょう。

　こういった仕事の依頼は２通りあり、

　①本当に緊急で困っている場合

　②こちらの事情やその仕事がどのくらいかかるかをあまり考えずに依
　　頼してきている場合

です。

　これはどんな相手かにもよるので、見極めるには経験と日頃の観察が
必要となります。

　対応方法としては、①本当に緊急で困っている場合には、なぜそれが
必要なのかも含めて、可能な限り背景等をヒアリングします。その結果、
お客様の知識が不足していて、実はより簡便な書類でよかったりします。
また、期日についても、すぐに必要なものはとりあえずパンフレットで
対応できたりもします。ですから「できる」「できない」の２択ではなく、
よりきめ細やかに対応することです。

　②の場合、こちらの事情をしっかり理解してもらうことが重要です。
特に銀行取引に慣れていないお客様の場合、融資の回答にどのくらい時
間がかかるものなのか、口座開設に関する手続きなどが分からずに依頼
をしてくるものです。

やらなくても良い仕事のときも

　さらに詳細にヒアリングをしていると、「その仕事は必要ないのでは？」という依頼もあったり、お客様からの電話や郵送でのやり取りで解決できたりすることも多いです。

　「今日、明日」のような依頼の場合、お客様も正確な内容を把握せずに依頼してきていることもままあります。しっかりとヒアリングをして、相手が本当に求めていることは何なのかを確認することで、仕事を減らすことが可能となります。

> **Check Point!** 無茶な依頼は2通りあり、まずはその内容をしっかりと把握すること。

第 3 章
スケジュール通りにいかなかった場合の対応方法

どんなにしっかりと予定を立て、業務をこなしていても、スケジュールがパンクしてしまうことはしばしばあると思います。

ここでは、そんな場合の対応方法を見ていきます。

①リスケの時間を確保

達成難易度　★★☆

まずは落ち着いて間を取ろう

　渉外の仕事は、お客様からの問い合わせや上司からの指示等で、スケジュールがパンクすることは仕方がないと思っておきましょう。

　リスケジュール（リスケ）をしっかりして、仕事の整理をしながら進めれば、多少スケジュールがずれ込んでも大丈夫な状況になります。

　リスケをするために必要なのが、

　①手持ちの仕事が手元にまとまっている

　②リスケをするための時間、「間」をしっかり取る

ということです。

　手持ちの仕事は、手帳を見ればひと目で分かるようになっていると思います。もし、書き出していない仕事があれば、このときに追記しておきます。

　そして、間を取るときは、できれば他に人がいないところに移動して、5〜10分でいいので、自分の仕事の状況を整理することだけに集中します。

無理は禁物！「2倍のスピードで」はできない

　スケジュールがパンクしたとき、一番やってはいけないのが無理をしてしまうことです。「気合いを入れてやれば、倍のスピードで終わるさ」と思っても、その間ずっと集中して仕事ができるわけではありませんし、倍のスピードで仕事を終わらせる、ということもできません。

　「任された仕事を自分で終わらせなければならない」「できないという

第3章　スケジュール通りにいかなかった場合の対応方法

ことは恥ずかしい」と思っている方もいるかもしれませんが、早めにリスケジュールせず、土壇場で「ごめんなさい」ということが一番責任感がない行動です。

どんな仕事であれ、あなたでしかできないということはありませんし、期日の変更ができる仕事も多々あります。リスケしたり、誰かに任せられるものは任せるなどの対応を心がけたいものです。

むしろ、できなさそうであれば早めに上司に相談し、リスケを繰り返す人のほうが、周囲からの信頼は得やすいと考えましょう。

Check Point! 無理をせずに「できないことはできない」と考えてリスケを実行していく。

② GTD法の活用

達成難易度 ★★☆

自分でやるべきか、任せるべきか

　自分の仕事がパンクしているので、いくつかの仕事は「自分でやらない」ということが必要です。つまり、「人に任せる」「そもそもやらない」ということを判断しましょう。

　「そもそもやらない」は勝手な気がしますが、若手の仕事の内容を聞いていると、「それは受け付けるときに断るべき」という仕事も散見されます。

　自分でやるべきかどうかということを判断する基準は次の流れで行います。この際活用するのが「GTD（Getting Things Done）法」です。GTD法は「収集→処理→整理→見直し→実行」の流れで物事を判断していくものです。

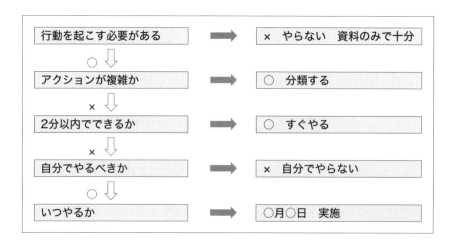

紙に書き出すことが重要

こういったタスク整理をするときには、必ず、手帳でもA4のコピー用紙でもいいので、ある程度大きさのある紙に書き出すことです。

書き出さないまま次のことを考えることはできないので、なかなか頭の中が整理できません。

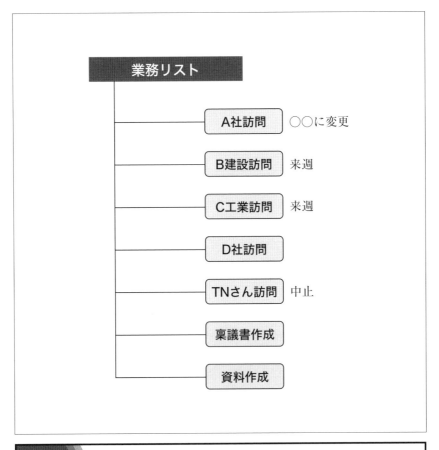

Check Point! 仕事を自分でやらずに「人に任せる」「やらない」という判断も必要。

③優先順位の付け方

達成難易度　★ ★ ☆

緊急か？　重要か？

　仕事の整理の仕方には、前述の GTD 法の他、**「緊急 × 重要のマトリクスで整理する」** というものがあります（35 頁参照）。

　タテ軸に重要・重要でない、ヨコ軸に緊急・緊急でないという 4 象限をとります。

重要なものの例	仕掛けが必要な提案、稟議、債務者評価
緊急なものの例	期限の迫っている提案、 キャンペーン（期間限定）のアポ取り、倒産

　こうして分類して、まずは「重要かつ緊急な仕事」を終わらせるようにスケジューリングしましょう。

重要だが緊急でない仕事、緊急だが重要でない仕事

　次は「緊急でない、かつ、重要でもない」仕事を誰かに任せるか、可能であれば仕事自体を断ってしまいます。仕事の状況に余裕があれば、こういった仕事をこなすことは、必ずしも間違いではないのですが、リスケをするような状況では、手を放してしまいましょう。

　続いて、「重要かつ緊急な仕事⇒重要ではないが緊急な仕事」の順に終わらせていきます。

　ただし、このとき、重要ではないが緊急な仕事については、自分でやる必要がないときもあります。こういった仕事に終始していると、「一

第3章　スケジュール通りにいかなかった場合の対応方法

日中忙しかったのに、重要な仕事は何も進んでいない」という状態になってしまうので、注意が必要です。
　「重要だが、緊急ではない」仕事については、いったんペンディングにしておきます。

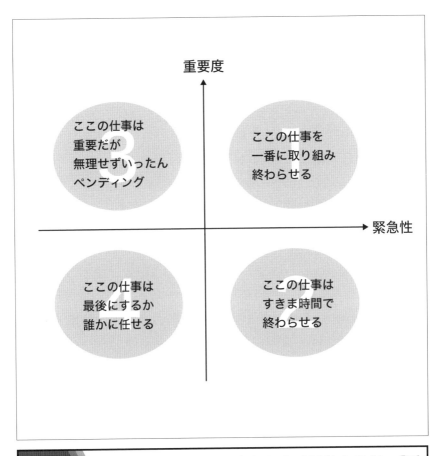

Check Point!　「重要かつ緊急な仕事」をまずは終わらせ、「重要だが、緊急ではない」仕事はいったん据え置く。

④謙虚な姿勢が身を助ける

達成難易度　★★☆

素直な態度でふるまおう

　リスケをする際は、まず手帳を見て変更できる予定、変更できない予定などを確認して進めていきます。ただし、どんな理由があるにせよ、自分の予定を後回しにされて気持ちのいい人はいません。リスケをしてもらう際には、ある程度までの事情（「取引先が倒産して、すぐに動かなければならなくなった」）等を話して、相手にも「そういう事情であれば仕方ない」と思っていただけるよう努めます。

　そのときに、さも「当たり前」のようなふるまい・言動をしてしまうと、相手からの信頼を損ないます。

　お客様もやむを得ない事情だということは察していただけるので、謙虚にふるまいましょう。

　謙虚にふるまったとしても、リスケが受け入れてもらえない場合もあります。そのお客様も緊急の用事がある場合が考えられますので、「もし、お急ぎのご用命があれば、上司の○○に行かせますが」と代案を伝えます。ここまでやれば、本当に必要な場合は上司に行ってもらいますし、そうでもないのであれば、リスケをしていただけるでしょう。

「ありがとうございます」と言われて嫌な人はいない

　リスケしていただいたとき、「本当に申し訳ございません」で終わる方が多いのではないか、と思うのですが、「（日程ご調整いただき）、ありがとうございます」というように「お礼」という感謝を述べます。

　謝って終わられると、相手もなんとなく後味が悪いものですので、「ご

106

第3章　スケジュール通りにいかなかった場合の対応方法

予定いただいていたのに、急な用で誠に申し訳ございません。ご調整いただき、ありがとうございます」と言って終わり、謝意を伝えます。

謝られると後味が悪い気分になることがありますが、お礼を言われて嫌な気分になる方はまずいません。小さな違いですが、取り入れてみてください。

Check Point! リスケは謝罪で終わるのではなく、「ありがとう」と感謝で終わる。

⑤上司に相談しよう

達成難易度　★★☆

無理だと思ったらすぐに相談

　自分だけでリスケに対応できないこともあります。そういうときは迷わず上司に相談します。

　上司の役割には、あなたの監督をすることも含まれていますので、緊急事態に陥りそうであれば、まずは一報を入れておきます。

　相談するタイミングとしては、**「なるべく早く」**かつ**「段階的に」**です。

　若手の方で多いのは、「もうどうにもならなくなってから」相談する、というパターンです。

　これでは、相談された上司のほうも困ってしまいます。リスケは、早ければ早いほど、いろいろな選択肢があり、対応しやすいものです。

　まずは上司に手帳を見せるなどして、「スケジュールがパンパンです」という状態から伝えて、「ひょっとしたら厳しいかもしれません」、さらに「やはり難しそうです」というように、段階的に伝えていけば、上司も気にしていてくれますし、「厳しいかも」というタイミングで対応を変えることもできます。

常に相談できる関係性を築く

　ところで、緊急時、上司に相談しやすい関係づくりができていますか？関係作りにはいろいろな方法がありますが、少なくとも、自分のミスなどが原因でリスケをしなければならないときや、その他、報告しにくいことでも報告できるような関係性が大事です。

　そのためには、上司のタイプもありますが、まずは、コミュニケーショ

108

第3章　スケジュール通りにいかなかった場合の対応方法

ンを密にしておくことでしょう。

　日々の報連相（ホウ・レン・ソウ）をしっかりする習慣をつけ、フィードバックも素直に受け入れる姿勢が重要です。

　なお、積極的に「飲みニケーション」をする必要はありませんが、支店の懇親会などのイベントの際には参加するなどして、業務とは異なったかたちでコミュニケーションを取ることも有効になります。

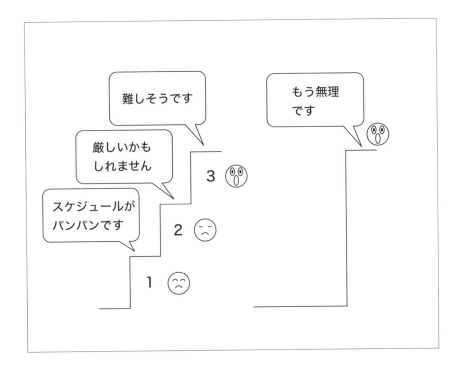

Check Point!　上司への相談は「なるべく早く」かつ「段階的に」行う。

第 4 章
できる先輩の
ワザを盗もう

手帳を使いこなす方法について見てきましたが、あくまで基本的なことばかりです。

ここからは、仕事の早い先輩たちの事例を共有します。取り入れて自分の型を作りましょう。

ここにあるものは直接手帳の活用方法ではありませんが、手帳に記録しておくことで、意識が向上するはずです。

①13時ちょうどに取引先を訪問する

達成難易度　★★☆

入る前の10分でひと仕事

先輩に同行させてもらったときのこと。「余裕を持って出発しよう」と言われ、ついていくと、案の定、10分前には先方のオフィスに着いてしまいました。

「少し早いけど入りますか?」と聞くと、「いやいや、しっかり時間どおりに入るよ。この10分でこれからのお客様と話す内容を確認して、時間が余れば、簡単な電話をするとか、読んでおきたい行内通達に目を通すんだ。店の中にいると、支店長とか課長がいてやりずらいだろ?」とのこと。

早く着いたからといって、アポイントの時間より早く取引先に入ってはいませんか?　アポイントに遅れないように行く方は多いと思いますが、合間の時間(スキマ時間)を有効に使えている若手は少ないものです。一つでもタスクを終わらせてみてください。

このひと仕事をするためにも手帳を携帯して常に連絡できるようにしておくことです。

早く入らないのは相手のためにもなる

13時でアポイントを取ったにもかかわらず、それより5分でも10分でも早く伺うというのは、せかされている気がして快く思わない相手もいます。また相手は「5分あるな」と思ってひと仕事している最中かもしれません。

第4章　できる先輩のワザを盗もう

　扉を開けたら面談相手が視界に入るようなところでは時間ぴったりにお伺いし、受付の方に一度応対していただいて別室に通されるようなところでは1～2分前に「少し早いのですが、13時にお約束の○○です」と伝えるなど気配りをしてみましょう。

スキルアップラリー①

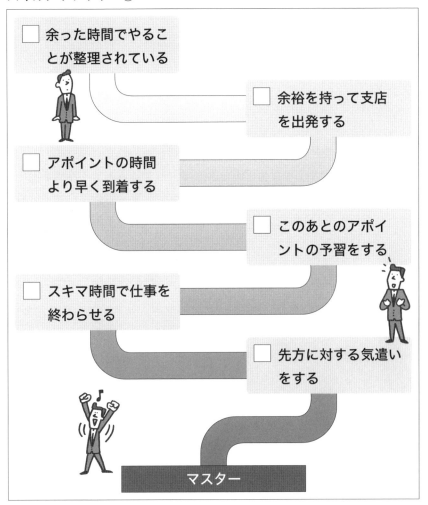

② 「2分遅れる」電話をする

達成難易度　★★★

間に合わないものは間に合わない

　会議が長引いた日のこと。会議室から出るなり取引先に「今から出るので、2分ほどお待たせするかもしれません」という電話をしている先輩。

　「2分くらいならいいのでは？」と思っていると、「金融機関で時間にルーズという印象は最悪だ。ギリギリかもしれないと思ったら、『遅れます』と一報入れておいたほうがいい」と言われました。

　そして、「自分にとっても、何とか間に合わせようとして準備を怠ってしまったり、焦って事故を起こしたりしてしまう可能性もある。間に合わないものは間に合わないから、しっかり遅れる電話をしておいたほうがいいよ」と言われました。

　金融機関は「15時ぴったりに閉まる」という印象を持っているお客様は少なからずいらっしゃいます。「支店はぴったり閉めるのに、自分たちは時間にルーズなのか」と思われては信頼関係どころではありません。

　信頼関係構築のためには、時間に正確というところを見せておく必要があるでしょう。

「普通」の渉外を少し超えると

　とはいえ、「普通の」渉外の方は2分遅れるという連絡はまずしません。そこで、「2分遅れる」という連絡をすると、「この人は誠実に時間を守る人なんだ」と強く印象に残ります。

第4章 できる先輩のワザを盗もう

　いきなりレベルの高い商談をするのは難しいので、こういった少しの工夫を積み重ねて、差別化していきましょう。
　そのためにも、約束の時間に遅れそうなときには、電話で一報を入れておいたほうがいいでしょう。

スキルアップラリー②

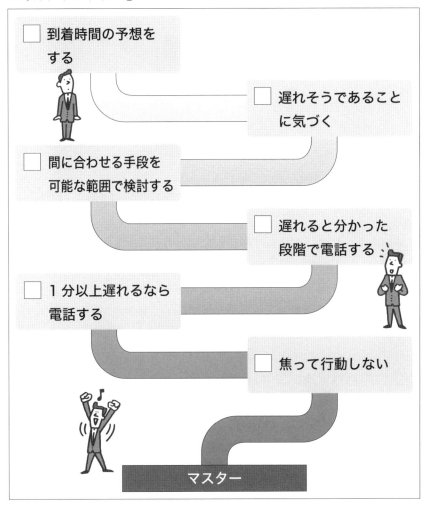

③面談記録の時短

達成難易度　★★☆

IT フル活用！

　商談が終わるとすぐに電話を掛ける先輩。「忙しいんだな」と思って聞いていると、何やら独り言のような電話。

　「これは電話じゃなくて面談記録の入力だ。いまはスマートフォンから音声入力ができるだろ？　これである程度入力しておけば、帰ったら文章を整えれば済む。僕がそうやって入力しているのを支店長も知っているから、手直しがなくても報告にはなっているしね」

　日報や面談記録の入力に時間がかかる若手は多いのではないでしょうか？

　時短のためには、まずは「面談が終わった後すぐに行う」ということと、「完璧を目指さない」ということを念頭に置きましょう。普通はすぐに手帳を取り出して要旨をメモする方が多いと思いますが、スマートフォンの音声認識機能などを有効活用すると、移動中でも文字が入力できて便利です。

面談の終わりに次のアポイントを考えない

　また、面談記録は、複数件のアポイントがあるとどんどん記憶が薄れていきます。次のアポイントのことを考える前に、直前のアポイントの記録事項をまとめておくようにしましょう。

　どういったツールでもかまわないので、とにかくすぐにメモ等をすることです。

音声入力ではなくても手帳を活用してほしいところです。
　今の面談の記録をスケジュール欄にでも簡単に記入し、後に時間ができたところでまとめるという作業をすることで、より鮮明に今回の結果や次回以降の問題点などをあぶり出すことができます。

スキルアップラリー③

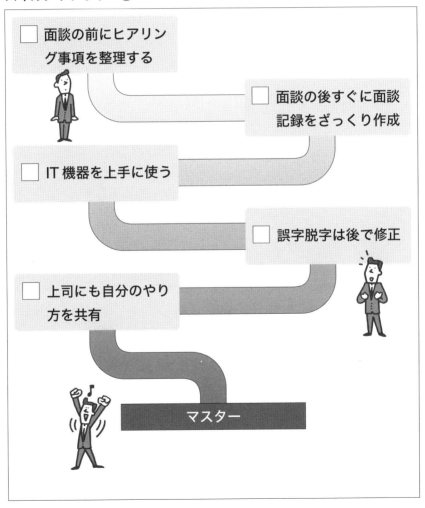

④稟議書作成の時短術

達成難易度　★★☆

自分でしかできない仕事は…

　「稟議は要所を押さえていればいい」そう言って15分程で稟議を回している先輩がいます。果たしてどのような行動をとっているのでしょうか。

　「稟議を書くときは、①担当者にしか書けないこと、②担当者でなくても書けること、③お客様から教えてもらわなければならないこと、この中でも②とか③でいかに時間を短縮できるかが重要だよ」

　稟議書を作成するにあたって、お客様からの情報が十分でないのに書き始め、完成させられなかったり、試算表を所定のフォーマットに転載することに時間がかかったりということはありませんか？

　担当者としての仕事は、論点を明確にして稟議の構成を考え、与信判断が正しく行えるように必要な情報を過不足なく表現することです。

　そのためにも手帳に聞くべき事柄を記載しておき、お客様との面談時にきちんと情報を入手するようにしましょう。

　それ以外のところで余計な時間を取られているのであれば、改善の余地ありです。

決裁権者との交渉も

　また、若手のうちは、論点が明確に分かっていないということもあると思います。そういったときは、どんどん上司や審査役に相談して、論点を教えてもらい、また、彼らの考え方を吸収しましょう。指示された

第4章　できる先輩のワザを盗もう

情報が100%集まらない場合は、代替案を出すなど、交渉することも重要です。

杓子定規に考えるのではなく、そのときに集まる情報で与信判断をし、決裁を仰いでいくことが重要です。

スキルアップラリー④

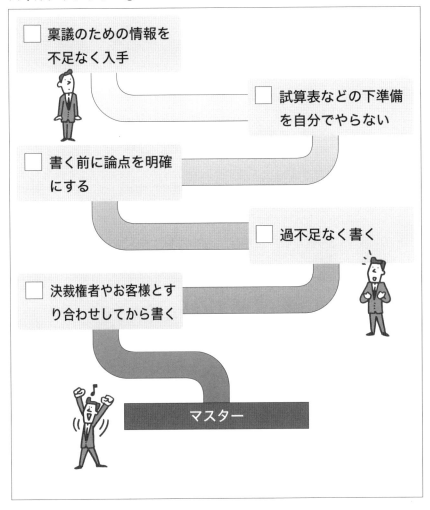

⑤上手に仕事を断る

達成難易度 ★★★

「成果に直結しない仕事」はしない？

　「その仕事、明日でも大丈夫ですか？」と上司に返すと、「ああ、忙しそうだね。大したことじゃないから○○くん、これやっておいて」と自分に雑務が…。成績の良い先輩は成果に直結しない雑務はしなくても大丈夫なのかしら？

　そう思いながらも、「余計な仕事をしないのは大事だけど、いつも雑用をやらないわけにはいかないからね。あとは、面と向かって断るのは人間関係がギクシャクしたりもするから、言い方には気を付けたほうがいいかな」と思い直したりもします。

　仕事の成果に直結しない雑用は、誰しもやりたくないものです。しかし、毎回断っていると、「自分のことしか考えていない」と職場での評判が落ち、結局余計な仕事が増えてしまいます。

　そうならないためにも、通常は雑用をこなしていくことは必要でしょう。

手の空いたときには小さなお手伝い

　10分、15分と手の空いたときには、事務方のお手伝いをするなど、普段仕事をお願いしている人のために時間を使ってみます。多少あざといようでも、事務の方は悪い気はしません。周囲を気にしなくてよいように、こっそりお手伝いしましょう。

　もっとも周囲に知れたとしても「普段いろいろとお願いしているから」

120

第4章　できる先輩のワザを盗もう

という理由もありますので、気にする必要はないでしょう。

気になる人は他の人の仕事もまんべんなく手伝うなど、職場の雰囲気にも気を配るようにしてみましょう。

スキルアップラリー⑤

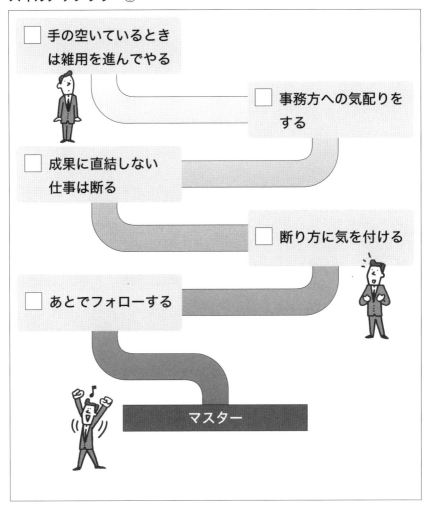

⑥上司の予定を把握する

達成難易度 ★★★

朝イチで共有スケジューラーをチェック

「今日は支店長が午後から不在だから、稟議は午前中に回しておけよ」そう先輩に言われてハッとしました。

なぜいつも予定を把握しているんだろう、そう思っていると、「この仕事はチームワークなんだ。自分だけがどんなに自分が早く稟議書を書いても、決裁が下りないと融資は実行できない」とのこと。

そう言われて、「なるほど」と納得するしかありません。

自分の仕事で手一杯、周りを見ている余裕がない、という状態になってしまう若手は多いと思いますが、仕事を早く進めるためには、上司の予定の把握は重要です。

朝、手帳を開いて自分の予定を確認しながら、共有スケジューラーで上司の予定もチェックしましょう。

今日、明日、明後日の３日間だけでも把握しておき、例えば支店長が終日不在にするようなときは、手帳の該当日に「支店長終日不在」と書いておくと、自分の予定を立てるときに役に立ちます。

「ハンコがもらえないだけ」が一番ダメ

「あと支店長の決裁が下りれば」と取引先に言い訳をしている若手がいますが、顧客からすると、そんなことは銀行内で連携してやればいいだけです。お客様からすれば、早く諾否を知りたいわけですから、その要望に沿ったものでなければなりません。

第4章　できる先輩のワザを盗もう

　言い訳にも全くなっていない上に、自行庫の風通しの悪さをアピールしているようなものなので、注意しましょう。
　上司の予定が把握できていなかった場合は、「○○の件があります」とあらかじめ伝えておくことも、こういった事態を避けることにつながります。

スキルアップラリー⑥

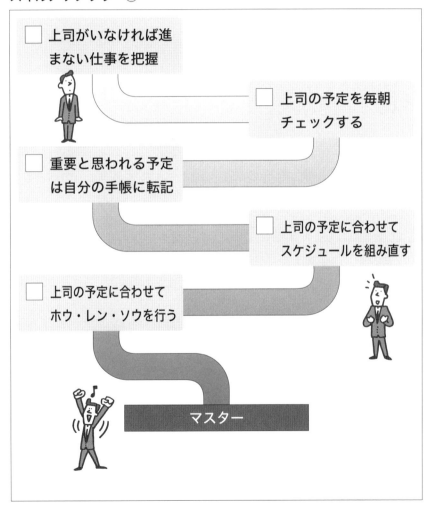

⑦メールの返信は3分以内

達成難易度　★☆☆

メールはどんどん溜まっていく

　課長から、「課の懇親会をするから日程を返信するように」という主旨のメール。

　正直あまり乗り気でもないし、今日帰る前に返信するか、と思っていると、「まだ返信してないのか？　君の返信待ちだぞ。小さなことかもしれないが凡事徹底※。メールは開けた3分以内に返信するか、しないかだ。回答までに時間がかかるものは、その旨を返信すればいい。君のように後回しにしていると、どんどん仕事が溜まってくるぞ」とお叱りを受けました。

※当たり前のことを当たり前にやるのではなく徹底的に行う、または当たり前のことを他人の追随を許さないほど極めること。

　メールはしばらく放置していると、どんどん後回しになります。面談や電話のように、相手がリアルタイムで反応を求めてこないため、ついつい気を抜いてしまいがちです。

　ただ、上記のように複数にメールを送っている場合など、返信の早い遅いは目立ちます。

　そのためにもメールの返信は早くするように心がけましょう。早く返信することで相手も次の手を打ちやすくなります。

メールの機能を使いこなそう！

　メールつながりで、もう一点、メールの機能を使いこなせるようにしておくことも重要です。

124

第4章 できる先輩のワザを盗もう

　文章作成に時間がかかるということなら、ひな型の機能を使ったり、よく使う宛先を登録しておいたりと、時短の工夫をすると、メールを返信することの負荷が軽くなります。

スキルアップラリー⑦

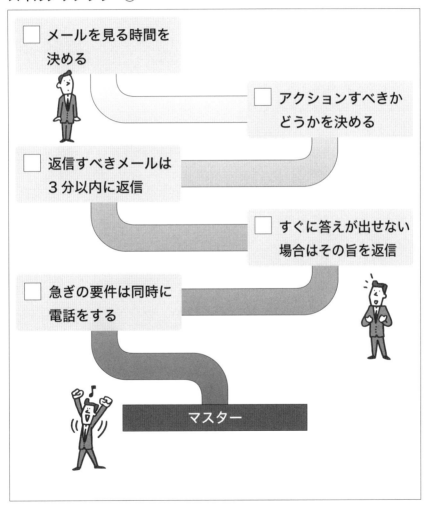

⑧「あれどうなった？」の１秒前に

達成難易度 ★★☆

上司の動きを観察しよう！

「あれ、どうなった？」そう課長に言われ、「あ、いえ、まだ先方から回答が来ていなくて…」と、しどろもどろになってしまいました。

それを見た先輩から「聞かれることくらい分かるだろう？　ツッコまれる前に自分から報告しないと」との指摘。「課長が会議に入る前は、大きな案件については確認が入るのはいつものことなんだから、聞かれる１秒前には自分から報告するようにしておかないと」と注意を受けたのです。

若手の方は、自分のペースで仕事をしがちです。しかし、支店全体の動きを見ていないと、突然上司からの指示がきて、ペースを乱されてしまうことが多々あるのではないでしょうか？

そうならないためには、まずは自分の直属の上司の動きを観察してみましょう。その上で、「自分が上司だったら、今どういう行動に出るか」を予想していると、同じであったり異なったりすることで整合性もとれ、自分の働き方にプラスなだけでなく、自然とその仕事の仕方が身に付きます。

上司にも上司がいる

課長の上には支店長が、支店長の上には本部長がというように、上司にも上司がいます。銀行は特に上の指示を下に伝えていくという上意下達を重視する文化なので、例えば、「課長が支店長の動きにどう合わせ

126

第4章　できる先輩のワザを盗もう

ているか」を見てみるのも自分の行動の参考になるでしょう。

　こうした上司たちの動き方を手帳に記録しておくことで、だんだんと自分にも身に付いていくことになります。

スキルアップラリー⑧

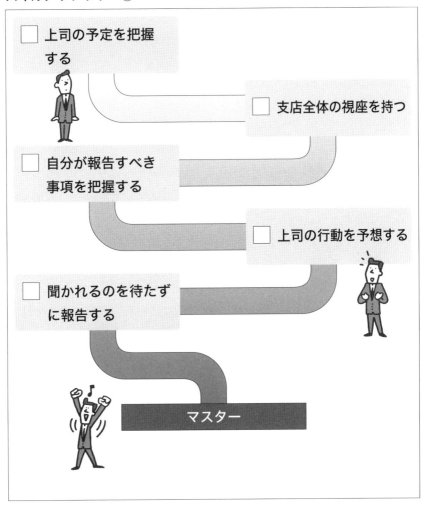

⑨パソコンの時短テクニック

達成難易度 ★ ☆ ☆

単語登録からはじめよう！

> とにかくパソコンを使いこなしている先輩がいます。
>
> 聞くと「若手がアドバンテージになるのは、パソコンや機械の使い方だ。単純に仕事のスピードが上がるし、たまに支店長に教えたりすると関係性も良好になるよ。本を一冊読めば、ある程度は詳しくなれるしね」

　ある程度の年齢の人たちだけでなく若手の中にもパソコンが苦手という人も少なからずいます。しかしパソコンを活用すると非常に便利ということも分かってはいます。

　パソコンを使いこなすと、いつもの仕事が少しずつ時短できます。難しいなと感じる人は、まず単語登録をしてみましょう。

　金融機関には独特の言い回しや、行内用語があると思います。そういった用語は、デフォルト（初期設定、標準的な設定）の設定のままでは上手く変換できず、時間がかかってしまいます。単語登録機能を使えばすぐに変換できますので、そういった時間を少しずつですが、短縮することができます。

　その他資料を作成するための Excel や Power Point などの使い方も覚えましょう。

ショートカットキーを使いこなす！

　パソコンに慣れてきたら、ぜひショートカットキーを活用しましょう。

第4章　できる先輩のワザを盗もう

基本的なもの（Ctrl+C コピー、Ctrl+V ペーストなど）の他にも、覚えておくと便利なものが多くあります。

ショートカットキーもいろいろとありますので、手帳に記録しておいたり、フセンに記載してパソコンの横に貼っておくなどの工夫もしましょう。

スキルアップラリー⑨

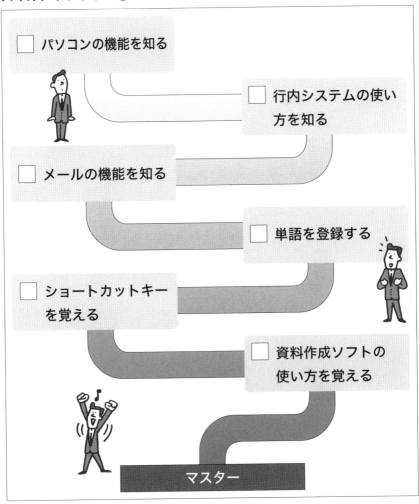

⑩整理整頓の達人

達成難易度 ★ ☆ ☆

「探す時間」が一番ムダ！

　身の回りが整理整頓されている先輩は、仕事に余裕があるように見えます。

　「いいかい。仕事において、何かを探す時間というのが一番ムダなんだ。仕事のスピードを上げるのは努力が必要だけど、机の周りやパソコンのフォルダを整理整頓するのは、一つ一つの心がけだけでできるだろう？」

　なるほどと思うしかありません。

　いつもバタバタして、何かを探している、という若手はいませんか？　そういった方に共通するのは、一つ一つの仕事が少しずつルーズで、整理ができていないということです。

　例えば、書類を机やキャビネットにしまう際に、一定のルールに基づいて行っていますか？　日付などを書いたフセンを貼ったり、穴を開けて綴じたりという、数十秒で終わることをしっかりやるだけで、探す手間は大きく省けます。

　また、パソコンのファイルを保存するときも「○○社_YYYYMMDD_試算表」といったように一定のルールで名前を付けておけば、後からすぐに探せるようにできます。

　こうしたちょっとした工夫や手間を惜しんでいては、いつまでたっても整理整頓はできません。

整理整頓グッズを常備する

　人は面倒だとやらなくなるので、例えばフセンや穴あけパンチを常に机の分かりやすい場所に置いておく、パソコンにファイル名のルールを書いて貼っておくなど、常に整理整頓意識を持てるように「整理整頓グッズ」を机に常備しておきましょう。

　まずはこうしたことを意識して行うことで身に付いていきます。

スキルアップラリー⑩

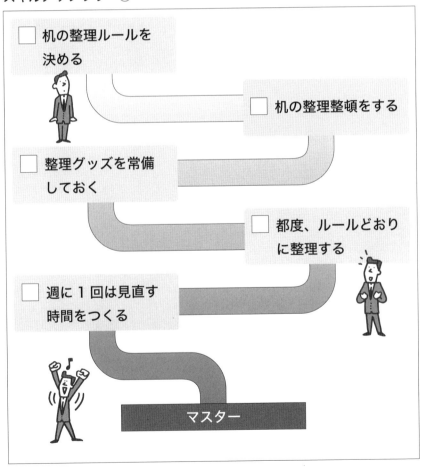

参考●筆者の実際の記入例

1 January

WEEK MEMO	**20** 月 先勝	**21** 火 友引	**22** 水 先負
〈今月〉 賃金 1.8後/3属 収益 2.4/10M 1/20 朝礼 ○ 1/23 矢原点不在. → 見目に専議 1/21 朝礼 ○定期預金キャンペーン 1/2 期に計算先. 1/22 朝礼 ・早帰り.18時退席. 1/23 朝礼 1/2a 朝礼	8 店内会議 12 00 A社 14 00 B社 16 18 F社 新版. 20 □ 朝礼当番 □ □ □ □	8 10 00 A社 00 C社 12 00 D社 14 00 E社 16 00 H社 18 20 □ 賃金会議資料 □ □ □ □	8 賃金会議 12 00 工社 14 00 J社 16 A社順番評価 A社案件相談 18 早帰り 20 □ 定期預金キャンペ □ □ □ □

定期預金キャンペーン

A社	Q社
B社	H社
C社	L社
D社	K社
E社	L社
F社	M社

1	月 火 水 木 金 土 日
	1 2 3 4 5
	6 7 8 9 10 11 12
	13 14 15 16 17 18 19
	20 21 22 23 24 25 26
	27 28 29 30 31

2	月 火 水 木 金 土 日
	1 2
	3 4 5 6 7 8 9
	10 11 12 13 14 15 16
	17 18 19 20 21 22 23
	24 25 26 27 28 29

23 木 仏滅

友在長 終日不在.

- B社
- K社
- L社
- A社 事談

24 (忙) 金 大安

8

- E社
- M社
- A社

18 来週の計画

☐ 連携ヒアリング゛
☐ 懇親会出欠合日記

25 土 先勝

事談・事務

8 A社 決算書
 〃 データ入力
10 〃 債権額内画
 C社 残高確認
12 D社 試算表
 F社 事談
14 H社 試算表
16
18
20

☐
☐
☐

26 日 友引

営業.

8 A社 貸 30M
 〃 収 0.5M
10 B社 収 1.0M
 C社 貸 20M
12 D社 貸 20M
 〃 収 0.3M
14 E社 貸 100M
 F社 収 1.0M
16 G社 収 0.5M
 H社 貸 50M.
18
 貸金 220M
20 収益 3.3M

☐

訪問件数.
実稼者
案件進捗数.

WEEK 4

本書で説明に使用した手帳は主に以下の2つです。
2冊ともA5判で使いやすい内容となっています。
手帳の詳細は弊社ホームページでご確認ください。

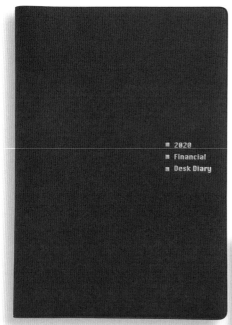

ファイナンシャル
デスクダイアリー

価格：2,200円（税込）

保険セールス Diary

価格：3,300円（税込）

135

●著者略歴●

猿樂 昌之（さるがく まさゆき）

1984 年鹿児島県阿久根市生

一橋大学経済学部卒業後、メガバンク勤務時代に培った営業・本部における経験をもとに、現在は若手行員向けにビジネススキルを伝授するなどの活動をしている。

渉外担当者になったらまず手帳を持ちなさい

2019 年 12 月 9 日　　初版発行

著　者─────猿樂 昌之

発行者─────楠 真一郎

発　行─────株式会社近代セールス社

　　　　　　　〒165-0026　東京都中野区新井 2-10-11
　　　　　　　　　　　　ヤシマ 1804 ビル 4 階
　　　　　　　電　話　03-6866-7586
　　　　　　　Ｆ Ａ Ｘ　03-6866-7596

印刷・製本─────株式会社木元省美堂

装　丁─────井上 亮

イラスト─────伊東ぢゅん子

Ⓒ2019 Masayuki Sarugaku

本書の一部あるいは全部を無断で複写・複製あるいは転載することは、法律で定められた場合を除き著作権の侵害になります。

ISBN978-4-7650-2161-6